KB051413

태을출판사

들어가는 말

21세기 글로벌 시대에 외국어 구사능력은 선택의 문제가 아닌 생존의 조건입니다.

영어는 기본이고 중국어 · 일본어 · 독일어 · 불어 · 서반아어 등 제2외국어를 소홀히 하다간 국내에서는 물론이고 국가간 경쟁에서도 뒤쳐질 수밖에 없기 때문입니다.

교육전문가들은 생활외국어를 제대로 익히기 위해선 외국어 교육이 혁신되어야 한다고 말합니다.

10년 이상 배워봐야 말 한마디 제대로 못하는 학교 영어 교육의 개편과 함께 제2외국어 교육의 내실화가 시급하다는 지적입니다.

외국어는 어렵습니다. 그러나 누구든지 할려고만 하면 '쉽게' 정복할 수가 있습니다.

이렇게 말하면 더러는 발론(反論)을 제기하는 사람도 있을 것입니다. 그러나 그것은 외국어의 근본을 모르고 있는 사람들의 한갓 변명에 불과할 뿐입니다. 어렵게 생각하면 이 세상의 모든 일들이 다 '어려운' 것입니다.

외국 사람들은, 세계에서 가장 배우기 힘든 '언어' 속에

'한국어'를 포함시키고 있습니다. 그 어려운 언어를 우리는 지금 자유자재로 구사하고 있습니다. 우리는 우리말에 대하여 어렵다고 생각해 본 적이 없습니다. 어린 시절, 걸음마를 배우면서부터 우리 자신도 모르게 낱말 한두 개씩을 중얼거리며 익혀오던 우리말입니다. 아직 엄마의 젖을 물고 있던 그 시절, 이미 우리는 무슨 말이든지 의사를 표현하고 받아들일 수가 있었습니다. 아주 자연스럽게 말입니다.

외국어도 이와 마찬가지입니다. 스스로 어렵다는 생각을 버릴 때, 비로소 쉬워지는 것이 외국어입니다.

우리가 어린 시절 수 년에 걸쳐서 우리말을 생활속에서 터득하였듯이, 외국어도 단시일 내에 뿌리까지 뽑겠다는 생각을 한다면 그것은 무리입니다. 단시일에 마스터 하겠다는 그 생각이 바로 외국어를 어렵게 만드는 것입니다.

쉽게 생각하고 쉽게 덤벼들면 쉽게 정복할 수 있는 것이 바로 외국어입니다.

지금 바로 이 순간부터 한번 시도해 보십시오. 당신은 이 책을 가까이 두고 실생활에서 익히는 동안 충분히 실감하게 될 것입니다.

국제언어교육연구회

차 례

제2부 기초 중국어 회화

제 1 부

꼭 알아야 할 기본 문법

1. 중국어의 발음(發音)

(1) 중국어의 음(音)

한자(漢字)는 원해 중국(中國)의 문자(文字)로서 예전에 우리 나라에 수입되어, 우리 선조들은 당시에는 한자를 중국 사람들과 동일하게 발음했다. 오랜 시일이 경과함에 따라 고유의 음(音)에 변화를 일으켜, 오늘날 전연 다르게 읽은 경우를 발생하게 하였다. 그러나 계통을 내세워보면 근사(近似)한 공통성(共通性)을 발견할 수 있다.

예를 들면 성(成), 성(盛), (誠) 따위의 한 가지 글자를 우리말로는 '성'이라 읽는가 하면 중국음(中國音)으로는 '청'이라고 읽는 등이 그것이다.

우리말에서 여러 한자를 같은 음으로(音) 읽는 경우가 많은 것처럼, 중국어에서도 여러 글자를 같은 음으로 발음하는 경우가 많다. 동일한 음(音)으로 동일하지 않는 여러 글자를 표시하기 위한 일종의 방법이 동일한 음(音)을 네 가지(四種)의 음조(音調)에 의하여 구별하는 것이 사성(四聲)이다.

기본 문법

(2) 우리말에 없는 중국음(中國音)

이 책에서는 한글로 음(音)을 표시하였지만 우리말로 중국음을 표시하는 데 한계가 있다. 그 음(音)들은 다음과 같다.

1. 진치음(唇齒音): 윗앞니와 아랫입술 사이에서 나는 소리.
   즉. 영어의 f音. 예) 服(푸)

2. 권설음(捲舌音): 혀 전체를 목구멍 쪽으로 당겨, 혀끝을 입천정에 말아 올려서 내는 음.
   zh - 즈(쯔) 예) 中(쭝)
   ch - 츠 예) 城(청)
   sh - 스 예) 是(스)
   r - 르 예)日(르)

3. 설치음(舌齒音): 혀를 물고 혀끝을 앞니에 가볍게 부딪힐 정도로써 나오는 音.
   z - 쯔 예) 子(쯔)
   c - 츠 예) 錯(추오)
   ss - 쓰 예) 思(쓰)

(3) 성조(聲調)

성조란 중국어의 특성으로 음(音)의 고저(高低) 및 변동을 말하는 것으로 경성(經聲)과 성조의 변화를 수반한다.

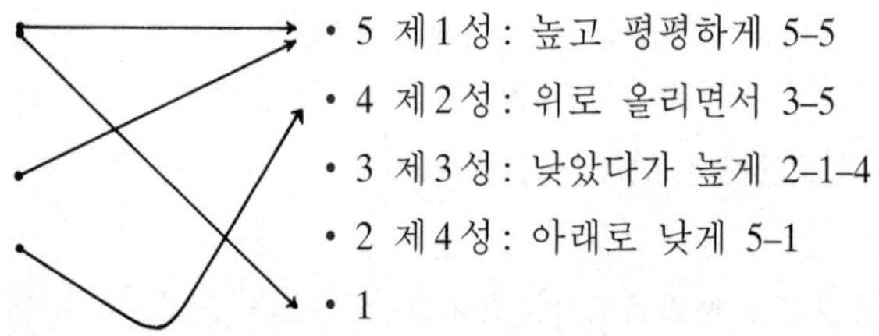

성조의 표시

제1성, 제2성, 제3성, 제4성, 경성

ˉ ˊ ˇ ˋ ˚

2. 경성(輕聲)

글자 하나는 하나의 음(音)과 하나의 음조(音調)를 가지고 있으나 일상회화에 있어서 글자마다 낱낱이 사성(四聲)을 구별하여 읽지는 않는다. 이 같이 사성을 발음 구조상 자연스럽게 혹은 부가(附加) 성분들을 경우에 따라 경성으로 처리하여 발음한다.

예) ˇ ˇ ˊ ˚ ˊ ˚
你有役有朋友?

3. 사성(四聲)의 변화(變化)

위에서 말한 경성도 일종의 사성변화이다. 즉, 사성변화란 하나 이상의 音의 연속발음을 원활하게 하기 위한 자연현상이다.

a. 제3성의 변화

ˇ + ˇ → ˊ + ˇ

ˇ + ˇ + ˇ → ˊ + - + ˇ, ˇ → ˇ + ˊ + ˇ

b. 「一, 七, 八, 不」의 변화

一, 七, 八, 不 자(字) 다음에 제4성이 오면 제2성으로 변하고 제1, 2, 3성字가 오면 一, 不는 4성 七, 八은 원(原)성조를 낸다.

c. 아화운(兒化韻)

아(兒)가 어미(語尾)에 올 때 어간(語幹)의 음이 변화하는 현상이다.

예) 這兒　쯔+얼→쩔
好好兒 하오+얼→하올

4. 중국어의 기본 문법

(1) 글(文)의 종류(種類)

a. 진술문

기본 문형: 주어(主語) - 술어(述語) - 객어(客語)
(目的語)

예)
- 我是學生(나는 학생입니다.)
- 這本書很新(이 책은 새것입니다.)
- 先生工作(선생님은 일을 한다.)
- 我們學習中文(우리는 중국어를 배운다.)

b. 의문문(疑問文)

기본 문형: ① 진술문 + 의문조사(마; 嗎) ?

예) 你好嗎

② 선택식

예) 他是不是老師?(그는 선생님입니까?)

예) 她好不好看?(그녀는 예쁩니까?)

③ 의문사 사용

- 他是誰?
- 這是甚麼 ?
- 哪個好?

c. 명령문

동사(動詞)가 앞에 온다.

예) • 不要看! (보지 마세요!)

• 趕快回去 (빨리 돌아가!)

d. 감탄문

- 天哪 !(하느님 맙소사!)
- 啊! 是你呀(아! 너로구나.)

(2) 보어(補語)

중심어(中心語)인 동사, 형용사의 뜻을 보충하며 중심어의 뒤에 놓인다.

a. 정도보어: 동사의 정도를 나타낸다.

예) • 他來得早(그는 일찍 왔다.)

• 조구조사(造句助詞) '得'을 필요로 한다.

b. 결과보어: 동사 뒤에 놓여 동작의 결과를 보충

예) • 我已經做完了工作了.

(나는 일을 다 마쳤어요.)

• 書都賣光了. (책이 모두 팔렸다.)

c. 방향보어: 동작의 방향을 보충 설명한다.

예) • 他進教室來了. (그는 교실로 들어왔다.

• 他回家去了. (그는 집으로 돌아갔다.)

d. 가능보어: 조구조사 '得'를 써서 가능보어를 만든다.

예) • 你聽得懂我的話嗎?(내 말을 알아듣겠니?)

가능보어의 부정은 得대신 不를 쓴다.

예) • 對不起! (면목이 없습니다.)

제 2 부

기초 중국어 회화

1. 안녕하십니까?

Ⓐ 안녕하십니까?

Ⓑ 예. 안녕하십니까?

Ⓐ 예. 아주 좋습니다.

Ⓑ 당신 부인도 안녕하십니까?

Ⓐ 그녀도 잘 있습니다. 감사합니다.

포인트 단어

- 你 : 너, 당신(2인칭)
- 好 : 좋다
- 嗎 : 의문조사
- 很 : 매우, 아주
- ~的 : ~의(소유격)
- 太太 : 부인
- 也 : ~도, ~또한
- 謝謝 : 감사합니다

니 하오 마
你好嗎?

니 하오 마
Ⓐ 你好嗎?

하오 니 하오 마
Ⓑ 好, 你好嗎?

헌 하오
Ⓐ 很好。

니 더 타이타이 예 하오 마
Ⓑ 你的太太也好嗎?

타 예 하오 씨에시에 니
Ⓐ 她也好, 謝謝你。

유용한 표현

▶말씀하신 것을 이해 못합니다.
쒀선머팅뿌둥
說什么聽不懂。

▶중국어가 서투릅니다.
쭝궈화 뿌수렌
中國話不熟練。

▶부끄러운 말이지만,
뿌호우 이스쒀
不好意思說。

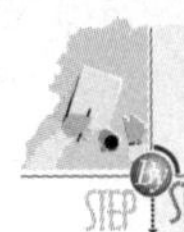

2. 안녕하십니까(아침 인사)?

Ⓐ 안녕하세요. 이 선생님.

Ⓑ 안녕하세요.

Ⓐ 오늘 날씨 정말 좋군요!

Ⓑ 그래요. 정말 좋군요.

Ⓐ 근래 지내시기가 어떻습니까?

Ⓑ 여전히 좋습니다.

포인트 단어

- 早 : 아침
- 安 : 평안하다
- 今天 : 오늘
- 天氣 : 날씨
- 眞 : 정말로
- 哇 : 어기조사, 감탄조사

짜오 안
早安!

짜오 안 리 씨엔 성
Ⓐ 早安, 李先生。

짜오 안
Ⓑ 早安

찐 티엔티엔치 쩐 하오 와
Ⓐ 今天天氣眞好哇!

뚜이 쩐 스 하오 더
Ⓑ 對, 眞是好的。

찐 라이 니꾸워 더 쩐 모 양
Ⓐ 近來你過得怎麼樣?

하이하오
Ⓑ 還好。

포인트 단어

- 對 : 맞다
- 近來 : 근래, 요즈음
- 過 : 지내다, 생활하다
- 還 : 여전히

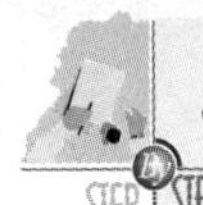

3. 당신을 만나서 기쁩니다.

Ⓐ 안녕하십니까? 제가 이가입니다.

Ⓑ 아, 당신이 바로 유명한 이 선생이시군요.

Ⓐ 별말씀을, 전 유명하지 않습니다.

Ⓑ 존함은 일찍부터 듣고 있었습니다.

오늘 만나뵙게 되어서 매우 기쁩니다.

포인트 단어

- 高興 : 즐겁다, 기쁘다
- 姓 : 성씨
- 啊 : 감탄사
- 就 : 바로, 그
- 有名 : 유명하다
- 哪兒的話 : 천만에 말씀
- 久仰 : 오래 전부터 존경했습니다

지엔따오 니 워 헌 까오 씽
見到你我很高興

니 하오 마 워 스 싱 리 더
Ⓐ 你好嗎? 我是姓李的。

아 니 찌우 스 요 밍 더 리 씨엔 성 마
Ⓑ 啊, 你就是有名的李先生嗎?

날 더 화 워 부 스 요 밍 더
Ⓐ 哪兒的話, 我不是有名的。

지우 양 지우 양
Ⓑ 久仰久仰!

찐 티엔 워 지엔따오 니 헌 까오 씽
今天我見到你很高興。

유용한 표현

▶**하고픈 말을 충분히 못합니다.**

샹쒀더화 쒀뿌칭추

想說的話, 說不清楚。

▶**중국어를 잘하려고 노력하고 있습니다.**

융꿍쉐시 쭝궈위

用功學習中國語。

▶**뭐라구요, 다시 한번 더 말해주세요.**

선머 충쒀이삐ㄴ바

什么, 從說一遍吧。

4. 덕분에 잘 지냅니다.

Ⓐ 안녕하십니까?

Ⓑ 덕분에 잘 지냅니다. 당신은요?

Ⓐ 감사합니다. 잘 지냅니다.

Ⓑ 요즘 건강은 어떠십니까?

Ⓐ 건강도 좋습니다. 모두 당신 덕택이지요.

포인트 단어

- 託福 : 덕분에
- 近來 : 요즈음, 근래
- 健康 : 건강, 건강하다

투어 푸 헌 하오
託福很好

니 하오 와
Ⓐ 你好哇!

투어 푸 헌 하오 니 너
Ⓑ 託福很好, 你呢?

씨에시에 헌 하오
Ⓐ 謝謝, 很好。

찐 라이 니 더 찌엔 캉 쩐 머 양
Ⓑ 近來你的健康怎麼樣?

찌엔 캉 예 하오 또우 스 니 더 푸
Ⓐ 健康也好, 都是你的福。

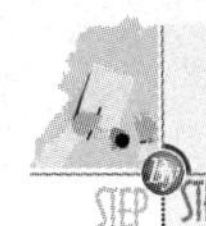

5. 매일 6시에 일어납니다.

Ⓐ 잘잤어요? 당신은 매일 너무 일찍 일어나십니다.

Ⓑ 저는 이미 습관이 됐는걸요.

Ⓐ 일찍 자고 일찍 일어나는 게 몸에 좋지요.

Ⓑ 맞습니다.

Ⓐ 평소 아침에 뭘 하십니까?

Ⓑ 저는 산보를 합니다.

포인트 단어

- 起得太早 : 너무 일찍 일어나다
- 已經 : 이미
- 每天 : 매일
- 習慣 : 습관
- 成 : ~이 되다
- 睡 : 자다

메이 티엔 리우 디엔 치 라이
每天六點起來。

짜오 안　니 메이티엔 치 더 타이짜오
Ⓐ 早安，你每天起得太早。

워 이 징 청 러 시 꽈ㄴ 러
Ⓑ 我已經成了習慣了。

짜오 수이 짜오 치 션 티 하오
Ⓐ 早睡早起身體好。

뚜이 아
Ⓑ 對啊！

핑 창 니 짜오 상 쭈워 션 머
Ⓐ 平常你早上做甚麼？

워 찌우 싼 싼 뿌
Ⓑ 我就散散步。

포인트 단어

- 做 : 하다
- 散步 : 산책하다

6. 내일 봅시다

Ⓐ 너 내일 바쁘니?

Ⓑ 바쁘지 않아.

Ⓐ 그러면. 우리집에 놀러 오는 게 어때?

Ⓑ 좋지. 언제?

Ⓐ 오후 5시. 괜찮아?

Ⓑ 괜찮아. 좋아. 내일 보자.

포인트 단어

- 忙 : 바쁘다
- 好極了 : 아주 좋습니다
- 下午 : 오후(↔上午)
- 可以 : 됩니다

밍 티엔지엔
明天見!

니 밍 티엔 망 뿌 망
Ⓐ 你明天忙不忙?

뿌 망
Ⓑ 不忙。

나 머 따오 워 지아라이쭈워쭈워하오 뿌 하오
Ⓐ 那麼, 到我家來坐坐好不好?

하오 지 러 션 머 스 호우
Ⓑ 好極了。甚麼詩候?

씨아 우 우 디엔 커 이 마
Ⓐ 下牛五點, 可以嗎?

커 이 하오 밍 티엔지엔
Ⓑ 可以。好, 明天見!

7. 오랜만입니다.

Ⓐ 이선생. 오랜만입니다.

Ⓑ 오랜만입니다. 요즘 어떠십니까?

Ⓐ 여전히 좋습니다. 당신은요?

Ⓑ 저도 좋습니다. 우리집도 편안합니다.

포인트 단어

- 好久 : 아주 오랫동안
- 平安 : 평안하다

하오지우 부 지엔
好久不見!

리 씨엔 성　하오지우 부 지엔
Ⓐ 李先生，好久不見!

하오지우 부 지엔　쭈이 진 하오 마
Ⓑ 好久不見，最近好嗎?

하이하오　니 너
Ⓐ 還好。你呢?

워 예 하오　워 먼 지아 예 헌 핑 안
Ⓑ 我也好，我們家也很平安。

유용한 표현

▶대답할 바를 모르겠습니다.
뿌즈전머 후이다호우
不知怎么回答好。

▶안타깝습니다.(답답하다)
커씨 (쪼우지)
可惜 (燥急)。

▶하고픈 말이 빨리 안되는군요.
샹쒀더화 쒀뿌콰이
想說的話，說不快。

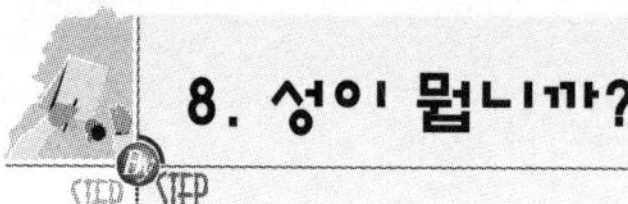

8. 성이 뭡니까?

Ⓐ 성이 뭡니까?

Ⓑ 제 성은 金입니다. 당신 성은 뭡니까?

Ⓐ 제 성은 王입니다. 당신 이름은 뭡니까?

Ⓑ 저는 명덕이라 부릅니다.

Ⓐ 저는 영창이라고 합니다.

포인트 단어

- 您 : 你의 존칭
- 名字 : 이름
- 叫 : ~라고 부르다

닌 꾸이 씽
您貴姓?

닌 꾸이 씽
Ⓐ 您貴姓?

워 씽 진 닌 꾸이 씽
Ⓑ 我姓金。您貴姓?

워 씽 왕 니 더 밍 쯔 찌아오 션 머
Ⓐ 我姓王。您的名字叫甚麼?

워 찌아오 밍 더
Ⓑ 我叫明德。

워 찌아오 용 창
Ⓐ 我叫永昌。

유용한 표현

▶ **말문이 콱 막혀 버리네요.**
쒀뿌추라이
說不出來。

▶ **알겠습니다. 아, 그렇군요.**
즈또우러 아 왼라이쓰 나양
知道了, 阿, 原來是那樣。

▶ **덕분에 또 한 가지 알았군요.**
퉈니더푸 유즈또우러 이쩨ㄴ
托你福, 又知道了一件。

9. 왕선생님 계십니까?

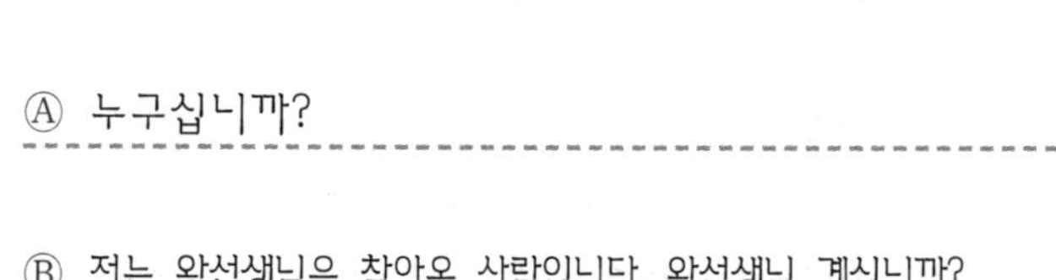

Ⓐ 누구십니까?

Ⓑ 저는 왕선생님을 찾아온 사람입니다. 왕선생님 계십니까?

Ⓐ 금방 나가셨는데요.

Ⓑ 언제 돌아오십니까?

Ⓐ 아마 금방 돌아오실 겁니다.

응접실에서 잠깐만 기다리세요.

Ⓑ 예. 감사합니다.

포인트 단어

- 在 : 있다
- 哪 : 어느
- 找 : 찾다
- 刚刚 : 방금

왕 씨엔 성 짜이 부 짜이
王先生在不在?

닌 스 나 이 웨이
Ⓐ 您是哪一位?

워 자오 왕 씨엔 성 라이 더 왕 씨엔 성 짜이 부 짜이
Ⓑ 我找王先生來的。王先生在不在?

타 깡 깡 추 취 러
Ⓐ 他剛剛出去了。

션 머 스 호우후이라이
Ⓑ 甚麼時候回來?

예 쉬 마 상 후이라이 바
Ⓐ 也許馬上回來吧!

니 짜이 커 팅 리 덩 이 시아
你在客廳裏等一下。

하오 씨에시에
Ⓑ 好, 謝謝。

포인트 단어

- 出去 : 나가다
- 也許 : 아마
- 馬上 : 금방, 곧
- 客廳 : 응접실

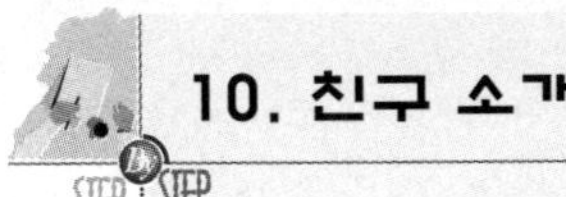

10. 친구 소개

Ⓐ 제가 당신께 중국 친구 한 분을 소개하겠습니다.

이 분은 장선생입니다.

Ⓑ 장선생님 안녕하십니까?

Ⓒ 안녕하십니까? 저는 장지문이라고 합니다.

Ⓑ 여기 제 명함이 있습니다.

Ⓒ 감사합니다. 당신을 보게 되어 기쁩니다.

포인트 단어

- 介紹 : 소개하다
- 一位 : 한 분, 一個의 존칭
- 朋友 : 친구
- 這兒 : 여기에(那兒 : 거기에, 哪兒 : 어디에)

지에사오 펑 요
介紹朋友

워 게이 니 지에사오 이 웨이 쭝 구워 펑 요
Ⓐ 我給你介紹一位中國朋友。

타 스 장 씨엔 성
他是張先生。

장 씨엔 성 니 하오
Ⓑ 張先生, 你好?

니 하오 워 찌아오 장 즈 원 닌 꾸이 씽
Ⓒ 你好, 我叫張志文。您貴姓?

쩌~ㄹ 요 워 더 밍 피엔
Ⓑ 這兒有我的名片。

씨에시에 워 헌 까오 씽 칸 따오 니
Ⓒ 謝謝, 我很高興看到你。

포인트 단어

- 名片 : 명함
- 看到 : 보게 되다

11. 오늘은 몇 월 몇 일입니까?

Ⓐ 오늘이 몇 월 몇 일이지요?

Ⓑ 5월 7일입니다.

Ⓐ 무슨 요일이지요?

Ⓑ 토요일입니다. 내일이 일요일이군요.

포인트 단어

- 幾 : 몇.
- 號 : 일(日)
- < 요일 >, 星期, 禮拜.

  星期一(월요일) 星期二(화요일)

  星期三(수요일) 星期四(목요일)

  星期五(금요일) 星期六(토요일)

  星期日(天)

찐 티엔 스 지 위에 지 하오
今天是幾月幾號?

찐 티엔 스 지 위에 지 하오
Ⓐ 今天是幾月幾號?

우 위에 치 하오
Ⓑ 五月七號。

싱 치 지 너
Ⓐ 星期幾呢?

싱 치 리우 밍 티엔 스 싱 치 르
Ⓑ 星期六。明天是星期日。

기내에서

▶이것이 나의 좌석번호인데 좀 도와 주시겠습니까?
쩌쓰워더쭤호우 넝빵워조우 이 조우마
這是我的座號, 能幫我找一找嗎?

▶네, 이쪽으로 오십시오.
호우 칭껀워라이
好, 請跟我來。

▶이것이 당신 좌석입니다.
쩌쮸쓰 닌더쭤워
這就是您的座位。

12. 금년에 몇 살입니까?

Ⓐ 올해 몇 살이십니까?

Ⓑ 스물 하나입니다.

Ⓐ 저보다 세 살이 어리군요.

Ⓑ 그러면 24살이십니까?

Ⓐ 그렇습니다. 7月이면 25살이 됩니다.

포인트 단어

- 歲 : 나이, ~살
- 比 : ~보다, ~에 비해서
- 那麼 : 그러면
- 到了 : ~(때)가 되면

찐 니엔 지 쑤이
今年幾歲?

니 찐 니엔 지 쑤이
Ⓐ 你今年幾歲?

얼 스 이 쑤이
Ⓑ 二十一歲。

비 워 사오 싼 니엔
Ⓐ 比我少三年。

나 머 니 스 얼 스 쓰 쑤이 마
Ⓑ 那麼, 你是二十四歲嗎?

스 따오 러 치 위에 워 야오 얼 스 우 쑤이
Ⓐ 是, 到了七月我要二十五歲。

13. 집안 식구가 몇 입니까?

Ⓐ 집안 식구가 몇입니까?

Ⓑ 저까지 일곱입니다.

Ⓐ 형이 몇이 있습니까?

Ⓑ 하나 뿐입니다.

Ⓐ 그러면, 남동생이 셋있군요. 그렇죠?

Ⓑ 아닙니다. 남동생 둘과 여동생 하나입니다.

포인트 단어

- 口人 : 식구
- 連 : ~까지
- 哥哥 : 형, 오빠
- 弟弟 : 남동생
- 妹妹 : 여동생(姐姐 : 누나, 언니)

니지아 리 요 지 코우 렌
你家裏有幾口人?

니지아 리 요 지 코우 렌
Ⓐ 你家裏有幾口人?

리엔 워 치 코우 렌
Ⓑ 連我七口人。

요 지 거 꺼 거
Ⓐ 有幾個哥哥?

즈 요 이 거
Ⓑ 只有一個。

나 머 요 싼 거 띠 디 스 부 스
Ⓐ 那麼, 有三個弟弟, 是不是?

뿌 량 거 띠 디 이 거 메이메이
Ⓑ 不, 兩個弟弟, 一個妹妹。

Ⓐ 당신은 아직 결혼 안하셨죠?

Ⓑ 아닙니다. 전 결혼한 사람입니다.

Ⓐ 정말입니까?

보기에는 미혼녀 같은데요.

Ⓑ 틀렸어요.

전 이미 세 아이의 엄마랍니다.

포인트 단어

- 結婚 : 결혼하다, 결혼
- 吧 : 추측, 권유의 어기 조사
- 眞的嗎 : 정말입니까?
- 未 : 아직 ~않다
- 三個 : 세 명
- 孩子 : 아이들

지에 훈 러 메이 요
結婚了沒有?

니 하이메이지에 훈 바
Ⓐ 你還沒結婚吧?

부 스 워 스 지에 훈 더
Ⓑ 不是, 我是結婚的。

쩐 더 마
Ⓐ 眞的嗎?

칸 치 라이 니 하오 샹 스 이 거 에이 훈 뉘
看起來, 你好像是一個未婚女。

니 주 뚜이 러
Ⓑ 你不對了。

워 이 징 스 싼 거 하이 즈 더 마 마 러
我已經是三個孩子的媽媽了。

포인트 단어

- 媽媽 : 엄마(↔爸爸)

15. 지금 몇 시입니까?

Ⓐ 지금 몇 시죠?

Ⓑ 내 시계로는 5시야.

Ⓐ 이상한데. 내 시계는 어째서 이제 3시 반이지?

Ⓑ 아마 고장이 났나보군.

Ⓐ 아, 내가 태엽감는 걸 잊었어.

포인트 단어

- 現在 : 지금
- 點 : 시(時)
- 錶 : 시계(손목시계)
- 奇怪 : 이상하다, 괴상하다
- 怎麼 : 어째서
- 壞 : 고장나다, 망가지다
- 忘了 : 잊다
- 上弦 : 태엽 감다

시엔짜이 지 디엔
現在幾點?

시엔짜이 지 디엔 쭝
Ⓐ 現在幾點鐘?

워 더 비아오 우 디엔
Ⓑ 我的錶五點。

치 꽈이 워 더 비아오 쩐 머 차이 싼 디엔 빤 너
Ⓐ 奇怪, 我的錶怎麼才三點半呢。

따 까이 스 화이 러 바
Ⓑ 大概是壞了吧。

아 워 왕 러 상 시엔 러
Ⓐ 啊, 我忘了上弦了。

기내에서

▶신문을 보고 싶습니다.
샹칸 빠오즈
想看報紙。

▶토할 것 같습니다.
샹투
想吐。

▶종이백 좀 주시겠습니까?
게이워 나 쏘우린또우 커이마
給我拿手扮兜可以嗎?

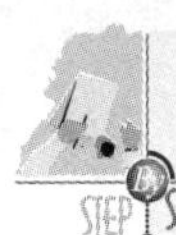

16. 당신은 어디 사람입니까?

Ⓐ 어디서 오셨습니까?

Ⓑ 저는 대만에서 왔습니다.

Ⓐ 중국인이십니까?

Ⓑ 그렇습니다.

Ⓐ 거기서 뭘 하십니까?

Ⓑ 저는 글을 가르칩니다.

Ⓐ 선생님이십니까?

Ⓑ 그렇습니다.

니 스 날 렌
你是哪兒人?

니 총 날 라이
Ⓐ 你從哪兒來?

워 스 총 타이 완 라이 더
Ⓑ 我是從臺灣來的。

니 스 부 스 쭝 구워 렌
Ⓐ 你是不是中國人?

스 더
Ⓑ 是的。

니 짜이 날 쭈오 션 머
Ⓐ 你在那兒做甚麼?

워 스 찌아오 쑤 더
Ⓑ 我是教書的。

니 스 라오 스 마
Ⓐ 你是老師嗎?

뚜이
Ⓑ 對。

17. 시청은 여기에서 멉니까?

Ⓐ 시청이 여기서 멉니까?

Ⓑ 차를 타면 별로 멀지 않지만

걸어간다면 15분 가량 소요됩니다.

Ⓐ 어떤 차를 타야 갈 수 있지요?

Ⓑ 많은 버스들이 모두 그곳에 갑니다.

Ⓐ 정류장이 어딘가요?

Ⓑ 큰 길 맞은편에 있습니다.

포인트 단어

- 市政府 : 시청
- 離 : ~에서 떨어져 있다
- 太 : 너무, 굉장히
- 遠 : 멀다
- 走路 : 걸어가다
- ~的話 : ~한다면

스 쩡 푸 리 쩌 헌위엔 마
市政府離這兒很遠嗎?

스 쩡 푸 리 쩌 헌위엔 마
Ⓐ 市政府離這兒很遠嗎?

쭈오 처 부 타이위엔
Ⓑ 左車不太遠,

쪼우 루 더 화 쉬 야오 스 우 펀 쭈오 요
走路的話需要十五分左右。

션 머 처 커 이 따오 날 너
Ⓐ 甚麼車可以到那兒呢?

헌 뚜오 꽁 공 치 처 또우 커 이 따오
Ⓑ 很多公共汽車都可以到。

처 짠 짜이 날
Ⓐ 車站在哪兒?

짜이 마 루 뚜이미엔
Ⓑ 在馬路對面。

포인트 단어

- 公共汽車 : 버스
- 車站 : 정류장
- 馬路 : 큰길
- 對面 : 맞은편

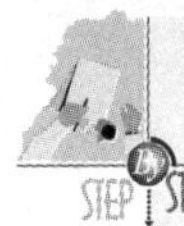

18. 이 거리에 영화관이 있습니까?

Ⓐ 이 거리에 영화관이 있나요?

Ⓑ 이 거리에는 없습니다.

Ⓐ 그럼. 어떻게 가야 갈 수 있죠?

Ⓑ 이 길을 따라가다가, 두 거리를 지나면 바로 그 곳입니다.

포인트 단어

- 條 : 줄기, 가지[길(街)의 양사]
- 電影院 : 영화관
- 街上 : 거리
- 沿 : ~따라서
- 過 : ~를 지나다

쩌 티아오지에 요 띠엔 잉 위엔 마
這條街有電影院嗎?

쩌 티아오지에 상 요 메이 요 띠엔 영 위엔
Ⓐ 這條街上有沒有電影院?

쩌 지에 상 메이 요
Ⓑ 這街上沒有。

나 머 쩐 머 쪼우 커 이 따오
Ⓐ 那麼, 怎麼走可以到?

이엔 저 쩌 티아오지에 쪼 꾸오 량 티아오지에 찌우 스
Ⓑ 沿着這條街走, 過兩條街就是。

공항으로

▶이 길로 가면 대합실이 나옵니까?
왕쩌리조우 유커윈쓰마
往這里走, 有客運室嗎?

▶네, 그렇습니다.
쓰더
是的。

▶저도 같은 방향입니다.
워예스 퉁이꺼팡샹
我也是同一个方向。

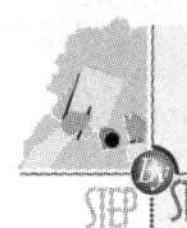

19. 동대문운동장까지 어떻게 갑니까?

Ⓐ 말씀 좀 묻겠습니다.

동대문운동장 가려면 어느 쪽으로 가야 합니까?

Ⓑ 계속 앞으로 걸어가십시오.

Ⓐ 어디까지 걸어가야 하지요?

Ⓑ 로타리까지 걸어가면 바로 볼 수가 있습니다.

Ⓐ 꺾어져 돌아가야 합니까?

Ⓑ 돌 필요 없습니다. 바로 큰 길가에 있습니다.

포인트 단어

- 運動場 : 운동장
- 往 : ~쪽으로
- 一直 : 계속해서
- 往前 : 앞으로
- 十字路 : 십자로, 로타리

따오뚱 따 먼 윈 동 창 쩐 머쪼우
到東大門運動場怎麼走?

칭 원
Ⓐ 請問,

따오뚱 따 먼 윈 동 창 취 왕 날 쪼우
到東大門運動場去往哪兒走?

이 즈 왕 치엔쪼우 바
Ⓑ 一直往前走吧。

쪼우따오 나 이 거 띠 팡
Ⓐ 走到哪一個地方?

쪼우따오 스 쯔 루 찌우 커 이 칸 지엔
Ⓑ 走到十字路就可以看見。

야오꽈이완 마
Ⓐ 要拐彎嗎?

부 융 꽈이 찌우짜이 마 루 비엔
Ⓑ 不用拐, 就在馬路邊。

포인트 단어

- 要 : ~해야 하다, ~하려 한다
- 拐 : 꺾다
- 彎 : 돌다
- 不用 : ~할 필요 없다
- 邊 : ~변에

20. 한 번 빌려 쓰겠습니다.

Ⓐ 한 번 빌려 쓸 수 있을까요?

Ⓑ 그러십시오. 하지만 내일 가져와야 합니다.

모레 아침에는 우리가 써야 합니다.

Ⓐ 좋아요. 그럼 내일 저녁 가져오겠습니다.

Ⓑ 틀림없이 가져와야 합니다.

Ⓐ 안심하세요. 잊지 않습니다.

포인트 단어

- 借 : 빌리다
- 一下 : 한번, 잠시, 잠깐, 좀
- 能 : ~할 수 있다
- 拿 : 가지다
- 後天 : 모레
- 早上 : 아침

찌에게이 워 융 이 시아
借給我用一下。

찌에게이 워 융 이 시아 커 뿌 커 이
Ⓐ 借給我用一下可不可以?

커 이 커 스 밍 티엔 넝 나 라이 바
Ⓑ 可以。可是明天能拿來吧!

호우티엔짜오 상 워 먼 야오 융
後天早上我們要用。

하오 바 나 머 밍 티엔 완 상 쏭 라이
Ⓐ 好吧! 那麼明天晚上送來。

니 이 딩 야오 나 라이
Ⓑ 你一定要拿來。

팡 씬 하오 러 워 뿌 왕 지
Ⓐ 放心好了。我不忘記。

포인트 단어

- 送 : 보내다
- 晚上 : 저녁
- 一定 : 틀림없이
- 放心 : 염려말라
- 不 : ~않다
- 忘記 : 잊다

21. 부탁합니다.

Ⓐ 당신 집에 녹음기 있습니까?

Ⓑ 있기는 있지만 아버지 것입니다.

Ⓐ 저한테 하루 빌려 줄 수 있습니까?

Ⓑ 제가 한번 물어보지요.

Ⓐ 미안하지만. 부탁합니다.

Ⓑ 뭘요? 잠깐 기다리세요.

포인트 단어

- 拜託 : 부탁합니다
- 錄音機 : 녹음기
- ~的 : ~것
- 一天 : 하루
- 跟 : ~와, 더불어
- 對不起 : 미안합니다, 면목 없습니다

바이투오 니 러
拜託你了。

니 지아 리 요 메이요 루 인 지
Ⓐ 你家裏有沒有錄音機。

요 스 요 스 워 빠 바 더
Ⓑ 有是有, 是我爸爸的。

넝 뿌 넝 찌에게이 워 이 티엔
Ⓐ 能不能借給我一天?

워 야오 껀 타 원 이 시아
Ⓑ 我要跟他問一下。

뚜이 부 치 바이투오 니 러
Ⓐ 對不起, 拜託你了。

메이 션 머 칭 덩 이 시아
Ⓑ 沒甚麼, 請等一下。

포인트 단어

- 請 : 부탁합니다
- 等 : 기다리다

22. 롯데호텔은 어디에 있습니까?

Ⓐ 롯데호텔에 가 본 적 있습니까?

Ⓑ 한번 가 봤습니다.

Ⓐ 어디에 있지요?

Ⓑ 아마 명동 부근일 겁니다.

Ⓐ Lotte 백화점과 가까운가요?

Ⓑ 그렇죠. 바로 백화점 옆입니다.

포인트 단어

- 大飯店 : 호텔
- ~過 : ~한 적이 있다
- 百貨公司 : 백화점
- 接近 : 근접하다
- 旁邊 : 옆, ~옆에
- 附近 : 부근

롯데 따 판 디엔짜이 날
Lotte 大飯店在哪兒?

니 취 꾸오메이 요 롯데 따 판 디엔
Ⓐ 你去過沒有 Lotte 大飯店?

취 꾸오 이 츠
Ⓑ 去過一次。

짜 날
Ⓐ 在哪兒?

커 넝 짜이 밍 동 푸 진
Ⓑ 可能在明洞附近。

껀 롯데 바이후오 꽁 쓰 지에 진 마
Ⓐ 跟 Lotte 百貨公司接近嗎?

스 아 찌우짜이바이후오 꽁 쓰 팡 비엔
Ⓑ 是啊! 就在百貨公司旁邊。

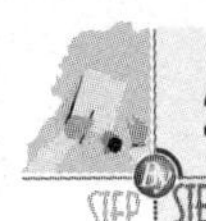

23. 저 분은 누구십니까?

Ⓐ 저 분이 누구시죠?

Ⓑ 그는 저의 오랜 친구입니다.

Ⓐ 중국인이예요?

한국말을 아주 잘 하는데요.

Ⓑ 그래요. 한국 사람과 똑같죠.

포인트 단어

- 誰 : 누구
- 說 : 말하다
- 說得很好 : 잘 말한다
- 一樣 : 한가지, 똑같다

나 웨이 스 세이
那位是誰?

나 이 웨이 스 세이
Ⓐ 那一位是誰?

타 스 워 더 라오펑 요 스 쭝 구오 렌
Ⓑ 他是我的老朋友是中國人。

쭝 구오 렌 마
Ⓐ 中國人嗎?

타 쑤오 한 구오 화 쑤오 더 헌 하오
他說韓國話, 說得很好。

뚜이 껀 한 구오 렌 이 양
Ⓑ 對, 跟韓國人一樣。

24. 얼마입니까?

Ⓐ 이것 얼마지요?

Ⓑ 2천 5백원입니다.

Ⓐ 그렇게 비싸요?

Ⓑ 비싸다고 할 수 없지요. 물건이 좋아요!

Ⓐ 이것보다 싼 것은 없나요?

Ⓑ 저것은 2천원 짜리입니다.

Ⓐ 2천원 짜리 2개 싸 주십시오.

Ⓑ 예. 잠깐만 기다리세요.

뚜오사오치엔
多少錢?

쩌 거 뚜오사오치엔
Ⓐ 這個多少錢?

량 치엔 우 바이콰이치엔
Ⓑ 兩千五百塊錢。

나 머 꾸이 너
Ⓐ 那麼貴呢?

부 쑤안꾸이 똥 시 하오 와
Ⓑ 不算貴, 東西好哇!

요 메이 요 비 쩌 거 피엔 이 더
Ⓐ 有沒有比這個便宜的?

나 거 스 량 치엔 더
Ⓑ 那個是兩千的。

게이 워 빠오 량 거 량 치엔 더
Ⓐ 給我包兩個兩千的。

하오 칭 덩 이 시아
Ⓑ 好, 請等一下。

25. 넥타이 사러 갑니다.

Ⓐ 어디 가십니까?

Ⓑ 시장에 갑니다.

Ⓐ 뭘 사러 가십니까?

Ⓑ 넥타이 사러요.

Ⓐ 무슨 색깔을 사고 싶은데요?

Ⓑ 나는 파란색을 사고 싶습니다.

포인트 단어

- 領帶 : 넥타이
- 市場 : 시장
- 買 : 사다(↔賣 : 팔다)
- 顔色 : 색깔
- 想 : ~하고 싶다, 생각하다
- 藍色 : 푸른색

마이 링 따이 취
買領帶去。

니 따오 날 취
Ⓐ 你到哪兒去?

워 따오 스 창 취
Ⓑ 我到市場去。

마이 션 머 취
Ⓐ 買甚麼去?

마이 링 따이 취
Ⓑ 買領帶去。

니 샹 마이 션 머 이엔 써 더
Ⓐ 你想買甚麼顏色的?

워 샹 마이 란 써 더
Ⓑ 我想買藍色的。

26. 구두 한 켤레를 사려고 합니다.

Ⓐ 구두 한 켤레 사려고 하는데요.

Ⓑ 어떤 모양을 원하십니까?

Ⓐ 검은색으로 한 켤레 보여주세요.

Ⓑ 이것이 어떻습니까?

Ⓐ 이것보다 더 튼튼한 것 없나요?

포인트 단어

- 一雙 : 한 켤레
- 皮革 : 가죽신, 구두
- 願意 : ~하고 싶다, 원하다
- 黑 : 검은색
- 怎麼樣 : 어떻습니까?
- 一又～又 : ~하고 또 ~하다
- 結實 : 튼튼하다
- 穿 : 신다
- ～着 : ~하고 있는(지속)

야오마이 이 쑤앙 피 시에
要買一雙皮革。

워 야오마이 이 쑤앙 피 시에
Ⓐ 我要買一雙皮革。

니 위엔 이 션 머 양 더
Ⓑ 你願意甚麼樣的?

게이 워 이 쑤앙헤이 더 칸 칸
Ⓐ 給我一雙黑的看看。

쩌 쑤앙 쩐 머 양
Ⓑ 這雙怎麼樣?

비 쩌 거 껑 지에 스 더 메이 요 마
Ⓐ 比這個更結實的沒有嗎?

공항에서

▶나는 통과여객입니다.

워 이 퉁꿔러
我已通過了。

▶비행기를 갈아타야 합니다.

더이 환청펴찌
得換乘飛機。

▶탈 비행기편의 확인은 어디에서 합니까?

짜이 선머띠팡 커이 즈도우쭤항빤더 항츠너
在什么地方可以知道，坐航般的航次呢?

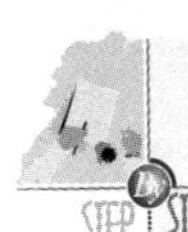

27. 국산품이 좋습니다.

Ⓐ 이 두 개 중 어느 것이 좋습니까?

Ⓑ 하나는 국산이고, 하나는 독일제인데,

내 생각에 아무래도 독일제가 좋은 것 같습니다.

Ⓐ 가격은 마찬가지지요?

Ⓑ 국산이 조금 쌉니다.

Ⓐ 보기에는 별 차이가 없는데요.

국산이 오히려 튼튼한데요.

포인트 단어

- 國貨 : 국산
- 貨 : 독일제
- 價錢 : 가격
- 差不多 : 거의, 마찬가지
- 德國 : 독일
- 還是 : 그래도, 여전히

꾸오후오 헌하오
國貨很好。

쩌 량 거 나이 거하오
Ⓐ 這兩個哪一個好?

이 거 스꾸오후오 이 거 스 떠 구오후오
Ⓑ 一個是國貨, 一個是德國貨,

워 샹 하이스 떠 구오후오하오
我想還是德國貨好。

지아치엔 차 부 뚜오바
Ⓐ 價錢差不多吧!

꾸오후오피엔 이 이 디엔
Ⓑ 國貨便宜一點。

칸 치 라이메이선 머 차 비에
Ⓐ 看起來沒甚麼差別,

꾸오후오취에지에 스
國貨却結實。

포인트 단어

- 一點 : 조금, 약간
- 看起來 : 보기 에는
- 却 : 오히려
- 差別 : 구별, 차이

28. 이 상품은 1,2 년은 문제 없습니다.

Ⓐ 이것은 뭘로 만들었죠?

Ⓑ 가죽으로 만들었습니다.

Ⓐ 나일론으로 만든 것은 없나요?

Ⓑ 있어요. 보시겠습니까?

Ⓐ 어느 것이 비교적 좋은가요?

Ⓑ 제가 보기에는 가죽으로 만든 것이 괜찮습니다.

Ⓐ 나일론으로 만든 것은 오래 쓸 수 있나요?

Ⓑ 아마 1,2년은 문제 없을 겁니다.

쩌 상 핀 이 량 니엔메이 요 원 티
這商品一兩年沒有問題。

짜 스 융 선 머 쭈오 더
Ⓐ 這是用甚麼做的?

융 피 쭈오 더
Ⓑ 用皮做的。

요 니 룽 쭈오 더 메이 요
Ⓐ 有尼龍做的沒有?

요 와 니야오 칸 마
Ⓑ 有哇, 你要看嗎?

나 거 비 지아오하오 너
Ⓐ 哪個比較好呢?

워 칸 피 쭈오 더 부 추오
Ⓑ 我看皮做的不錯。

니 룽 쭈오 더 넝 융 뚜오지우
Ⓐ 尼龍做的能用多久?

따 까이 이 량 니엔메이원 티 바
Ⓑ 大概一兩年沒問題吧。

29. 이 부근에 식당이 있나요?

Ⓐ 이 부근에 식당이 있나요?

Ⓑ 식사 하시겠어요?

Ⓐ 예. 배가 고프군요.

Ⓑ 불고기 좋아하십니까?

Ⓐ 아주 좋아합니다. 불고기 먹으로 갑시다.

Ⓑ 좋아요. 빨리 갑시다.

포인트 단어

- 館子 : 식당
- 吃 : 먹다
- 肚子 : 배
- 餓 : 배고프다
- 喜歡 : 좋아하다
- 烤肉 : 불고기

쩌 푸 진 요메이요 관 즈
這附近有沒有館子?

쩌 푸 진 요메이요 관 즈
Ⓐ 這附近有沒有館子?

니 야오 츠 판 마
Ⓑ 你要吃飯嗎?

스 워 뚜 즈 으어 러
Ⓐ 是, 我肚子餓了。

니 시 부 시 환 츠 카오로우
Ⓑ 你喜不喜歡吃烤肉?

워 헌 시 환 취 츠 카오로우 바
Ⓐ 我很喜歡, 去吃烤肉吧!

하오 지 러 콰이쪼우 바
Ⓑ 好極了, 快走吧!

포인트 단어

- 快 : 빨리

30. 배가 부릅니다.

Ⓐ 음식 많이 드세요.

Ⓑ 사양하지 않습니다. 충분히 먹었습니다.

Ⓐ 음식이 아직 많은걸요? 사양치 마세요.

Ⓑ 배가 부릅니다. 더 먹을수가 없어요.

Ⓐ 그럼 이 과일 좀 드시죠.

Ⓑ 감사합니다. 정말 충분합니다.

포인트 단어

- 飽 : 배부르다
- 多用 : 많이 드세요
- 够 : 충분하다

츠 빠오 러
吃飽了。

니 뚜오 융 차이 바
Ⓐ 你多用菜吧!

워 뿌 커 치 꼬우 러
Ⓑ 我不客氣, 够了。

차이 하이 요 헌 뚜오 와 부 야오 커 치
Ⓐ 菜還有很多哇, 不要客氣。

츠 빠오 러 츠 부 시하 취
Ⓑ 吃飽了, 吃不下去。

나 머 칭 츠 쩌 거 수이구오
Ⓐ 那麼, 請吃這個水果。

시에시에 쩐 더 꼬우 러
Ⓑ 謝謝, 眞的够了。

포인트 단어

- 客氣 : 사양하다
- 菜 : 음식
- 水果 : 과일

31. 음식을 주문하다.

Ⓐ 무슨 음식을 주문하시겠습니까?

Ⓑ 여기 무슨 음식이 있지요?

Ⓐ 여기는 한국식 식당입니다.

Ⓑ 그러면 우리 한국의 불고기를 먹읍시다.

Ⓐ 그 이외는요?

Ⓑ 냉면 한 그릇 먹겠어요.

포인트 단어

- 點菜 : 음식을 시키다
- 餐廳 : 음식점
- 以外 : 이외
- 一碗 : 한 그릇

디엔차이
點菜

닌 샹 디엔 션 머 차이
Ⓐ 您想點甚麼菜?

쩌 리 요 션 머 차이
Ⓑ 這裏有甚麼菜?

쩔 스 한 구오 스 찬 팅
Ⓐ 這兒是韓國式餐廳。

나 워 먼 츠 한 구오 더 카오로우 바
Ⓑ 那我們吃韓國的烤肉吧!

이 와이 너
Ⓐ 以外呢?

하이야오 츠 이 완 렁 미엔
Ⓑ 還要吃一碗冷麵。

32. 뭘 마시겠습니까?

Ⓐ 뭘 마시겠어요?

Ⓑ 여기는 마실 것이 뭐 있지요?

Ⓐ 쥬스, 커피, 사이다, 콜라, 아이스크림 등등이죠.

Ⓑ 나는 냉커피 한 잔 마시겠어요? 당신은요?

Ⓐ 나는 딸기 아이스크림 먹겠어요.

포인트 단어

- 喝 : 마시다
- 果汁 : 쥬스
- 咖啡 : 커피
- 氣水 : 사이다
- 可樂 : 콜라
- 冰期淋 : 아이스크림

야오 허 선 머
要喝甚麼?

니 야오 허 선 머
Ⓐ 你要喝甚麼?

쩔 요 선 머 허 더
Ⓑ 這兒有甚麼喝的?

꾸오 즈 카 페이 치 수이 커 러 삥 치 린
Ⓐ 果汁, 咖啡, 氣水, 可樂, 氷淇淋

덩 덩
等等。

워 야오 허 이 뻬이 삥 더 카 페이 니 너
Ⓑ 我要喝一杯冰的咖啡。你呢?

워 야오 츠 챠오메이 삥 치 린
Ⓐ 我要吃草梅冰淇淋。

포인트 단어

- 冰的 : 찬
- 一杯 : 한 잔, 한 컵
- 草梅 : 딸기

33. 어디에 사십니까?

Ⓐ 이선생. 당신은 어디 사십니까?

Ⓑ 서울에 삽니다.

Ⓐ 서울 어느 곳인지요?

Ⓑ 한강 이남의 한 아파트에 삽니다.

Ⓐ 아파트요? 아파트는 참 편리하지요?

Ⓑ 편리하긴 합니다.

포인트 단어

- 住在 : ~에 살다
- 以南 : ~이남
- 公寓 : 아파트
- 方便 : 편리 하다
- ~是~ : ~하기는 ~하다

주 짜이 날
住在哪兒?

리 씨엔 성 닌지아짜이 날
Ⓐ 李先生, 您家在哪兒?

짜이 한 청
Ⓑ 在漢城。

한 청 더 션 머 띠 팡
Ⓐ 漢城的甚麼地方?

한 지앙 이 난 더 이 거 꽁 위
Ⓑ 漢江以南的一個公寓。

꽁 위 마 꽁 위 스 헌 팡 비엔 바
Ⓐ 公寓嗎? 公寓是很方便吧。

팡 비엔 스 팡 비엔
Ⓑ 方便是方便。

34. 방을 예약하다.

Ⓐ 방 하나를 예약하려는데요.

Ⓑ 1인용이요 아니면 2인용을 원하십니까?

Ⓐ 1인용을 원합니다. 위생 설비는 있습니까?

Ⓑ 물론이지요.

Ⓐ 하루에 얼마지요?

Ⓑ 6,000원입니다.

Ⓐ 너무 비싸군요.

Ⓑ 관광 여관은 모두 같습니다.

띵 팡 지엔
訂房間。

워 야오 띵 이 거 팡 지엔
Ⓐ 我要訂一個房間。

딴 렌 팡 하이 스 쑤앙 렌 팡 너
Ⓑ 單人房還是雙人房呢?

워 야오 딴 렌 팡 요 웨이 성 서 뻬이 마
Ⓐ 我要單人房, 有衛生設備嗎?

땅 란
Ⓑ 當然。

이 티엔 뚜오 사오 치엔
Ⓐ 一天多少錢?

리우 치엔 콰이
Ⓑ 六千塊。

타이 꾸이 러 바
Ⓐ 太貴了吧!

꽈ㄴ 광 뤼 관 또우 스 이 양 더
Ⓑ 觀光旅館都是一樣的。

35. 가져왔습니까?

STEP by STEP

Ⓐ 너 내 노트 가져왔니?

Ⓑ 미안해, 내가 또 잊었어.

Ⓐ 그럼 언제 가져올래?

Ⓑ 내일 저녁에 꼭 가져올게.

Ⓐ 좋아 하지만 절대로 잊지 말아.

Ⓑ 걱정마. 이번에는 절대 안 잊어.

포인트 단어

- 帶來 : 가져오다
- 本子 : 노트
- 千萬 : 제발
- 絕 : 절대로

따이라이 러 메이 요
帶來了沒有?

니 따이라이 러 메이 요 워 더 번 즈
Ⓐ 你帶來了沒有我的本子?

뚜이 부 치 워 요 왕 러
Ⓑ 對不起, 我又忘了。

나 머 션 머 스 호우 나 라이
Ⓐ 那麼甚麼詩候拿來?

밍 티엔 완 상 이 딩 나 라이
Ⓑ 明天晚上一定拿來。

하오 바 커 스 치엔 완 부 야오 왕 지
Ⓐ 好吧, 可是千萬不要忘記。

팡 씬 바 쩌 츠 쥐에 부 후이 왕 지
Ⓑ 放心吧, 這次絕不會忘記。

36. 나는 가야합니다.

Ⓐ 지금 몇 시 됐지?

Ⓑ 5분전 2시야.

Ⓐ 늦었구나, 가봐야 해.

Ⓑ 뭐가 바빠? 더 앉아 있어.

Ⓐ 안돼. 아직 일이 있어.

Ⓑ 그럼 억지로 잡진 않을께 잘가!

워 까이조우 러
我該走了。

시엔짜이 지 디엔 쭝 러
Ⓐ 現在幾點鐘了？

차 우 펀 따오 량 디엔
Ⓑ 差五分到兩點。

티엔 뿌 자오 러　　워 까이조우 러
Ⓐ 天不早了。我該走了。

니 망 션 머　　뚜오쭈오 후 얼 바
Ⓑ 你忙甚麼？ 多坐會兒吧！

뿌 싱　하이 요 디 얼 스
Ⓐ 不行，還有點兒事。

나 워 뿌 치앙리우 러　짜이지엔
Ⓑ 那我不强留了。再見！

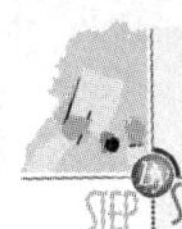

37. 열쇠는 프론트에서 보관하고 있어요.

Ⓐ 문좀 열어봐.

Ⓑ 잠겼어. 열리지 않아.

Ⓐ 열쇠로 열어봐.

Ⓑ 열쇠가 어디 있지?

Ⓐ 난 몰라.

Ⓑ 생각해봐.

Ⓐ 아 생각났다. 열쇠는 프론트에서 보관하고 있잖아!

포인트 단어

- 鑰匙 : 열쇠
- 櫃檯 : 프론트, 안내
- 把 : ~을

야오스 짜이꾸이타이바오꽈ㄴ 저
鑰匙在櫃檯保管着。

바 먼 카이 이 카이
Ⓐ 把門開一開。

쑤오 저 카이 뿌 카이 야
Ⓑ 鎖着, 開不開呀!

나 야오스 취 카이 바
Ⓐ 拿鑰匙去開吧!

야오스 짜이 날
Ⓑ 鑰匙在哪兒?

워 뿌 샤오 더
Ⓐ 我不曉得。

니 샹 이 샹 칸
Ⓑ 你想一想看。

아 샹 치 라이 러 야오스 짜이꾸이타이바오꽈ㄴ 저
Ⓐ 啊! 想起來了。鑰匙在櫃檯保管着。

포인트 단어

- 開 : 열다
- 鎖 : 잠기다
- 不曉得 : 모르겠어요
- 保管 : 보관하다

38. 중국말을 배웁시다.

Ⓐ 중국어를 배우고 싶지 않니?

Ⓑ 참 배우고 싶어. 하지만 기회가 없어.

Ⓐ 우리 같이 배우는 게 어때?

Ⓑ 좋지. 언제부터 시작할까?

Ⓐ 빠를수록 좋아.

포인트 단어

- 學 : 배우다
- 念 : 배우다, 읽다
- 機會 : 기회
- 開始 : 시작하다
- 越～越～ : ～할수록 ～하다

쉬에 쭝 구오 화 바
學中國話吧。

니 샹 뿌 샹 쉬에 쭝 구오 화
Ⓐ 你想不想學中國話?

워 헌 샹 니엔 커 스 메이 요 지 후이
Ⓑ 我很想念, 可是沒有機會。

워 먼 이 치 쉬에하오 뿌 하오
Ⓐ 我們一起學好不好?

하오 지 러 총 션 머 스 호우카이 스 너
Ⓑ 好極了, 從甚麼時候開始呢?

위에 콰이 위에 하오
Ⓐ 越快越好。

공항에서

▶ 10번 게이트입니다.
스호우 젠퍄코우
10號檢票口。

▶ 몇 시에 떠납니까?
지덴추파너
几点出發呢?

▶ 2시 30분에 떠납니다.
량덴싼스븐 추파
兩点三十分出發。

39. 알아들을 수 있습니까?

Ⓐ 당신은 내 말을 알아들을 수 있습니까?

Ⓑ 못 알아 듣겠습니다.

Ⓐ 정말 못 알아 듣습니까?

Ⓑ 진짜로 모르겠습니다.

Ⓐ 배운 적이 없습니까?

Ⓑ 전에 배운 적이 있지만 모두 잊었습니다.

포인트 단어

- 聽懂 : 알아듣다
- 實在 : 정말로
- 以前 : 이전에
- 明白 : 알다, 이해하다

팅 더 동 마
聽得懂嗎?

니 팅 더 동 워 더 화 마
Ⓐ 你聽得懂我的話嗎?

워 팅 뿌 동
Ⓑ 我聽不懂。

쩐 더 뿌 동 마
Ⓐ 眞的不懂嗎?

스 짜이 뿌 밍 바이
Ⓑ 實在不明白。

니 메이 쉬에 꾸오 마
Ⓐ 你沒學過嗎?

이 치엔 쉬에 꾸오 커 스 또우 왕 지 러
Ⓑ 以前學過。可是都忘記了。

40. 오늘 날씨가 어떻습니까?

Ⓐ 오늘 날씨가 어떻죠?

Ⓑ 어제 보다 좋은 것 같은데요.

Ⓐ 춥지 않아요?

Ⓑ 오늘은 아주 따뜻하군요.

Ⓐ 그거 잘 됐군요.

나는 따뜻한 날씨를 아주 좋아합니다.

포인트 단어

- 好像 : ~인 것 같다
- 冷 : 춥다
- 暖和 : 따뜻하다

찐 티엔티엔 치 하오 뿌 하오
今天天氣好不好?

찐 티엔티엔 치 하오 뿌 하오
Ⓐ 今天天氣好不好?

하오 샹 비 쭈오티엔하오
Ⓑ 好像比昨天好。

렁 뿌 렁 아
Ⓐ 冷不冷啊?

찐 티엔 헌 누안후어
Ⓑ 今天很暖和。

나 하오
Ⓐ 那好。

워 헌 시 환 누안후어 더 티엔 치
我很喜歡暖和的天氣。

41. 무슨 꽃을 좋아하십니까?

Ⓐ 무슨 꽃을 좋아하십니까?

Ⓑ 저는 매화를 좋아합니다.

Ⓐ 예쁩니까?

Ⓑ 아주 예쁩니다. 당신은 무슨 꽃을 좋아하죠?

Ⓐ 제가 제일 좋아하는 꽃은 연꽃입니다.

포인트 단어

- 是 : 가장, 최고의
- 愛 : 좋아하다, 사랑하다
- 蓮花 : 연꽃

니 시 환 션 머 화
你喜歡甚麼花?

니 아이 션 머 화
Ⓐ 你愛甚麼花?

워 시 환 메이 화
Ⓑ 我喜歡梅花?

하오 뿌 하오 칸
Ⓐ 好不好看?

헌 하오 칸 니 시 환 션 머 화
Ⓑ 很好看, 你喜歡甚你花?

워 쭈이아이 더 화 스 리엔 화
Ⓐ 我最愛的花是蓮花。

유용한 단어

▶입국 심사관
루찡선차웬
入境申查員

▶세관원
하이꽈누웬
海關員

▶여권
후쪼우
戶照

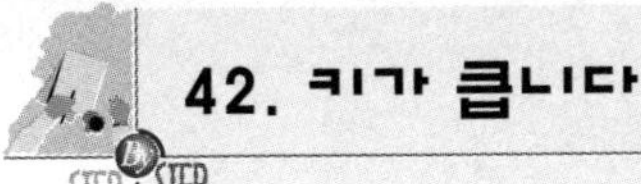

42. 키가 큽니다.

Ⓐ 당신 남자 친구가 큽니까?

Ⓑ 그는 키가 큽니다.

Ⓐ 나보다 큽니까?

Ⓑ 아마 당신보다 좀 클 걸요.

포인트 단어

- 個子 : 키, 신장
- 朋友 : 친구

꺼 즈 까오
個子高。

니 더 난 펑 요 따 부 따
Ⓐ 你的男朋友大不大?

타 꺼 즈 헌 까오
Ⓑ 他個子很高。

비 워 까오 마
Ⓐ 比我高嗎?

커 넝 스 비 니 까오 이 디엔
Ⓑ 可能是比你高一點。

유용한 표현

▶여권을 보여주시겠습니까?
칭나추 후쪼우 커이마
請拿出戶照可以嗎?

▶여기 있습니다.
짜이쩌얼
在這兒。

▶입국카드를 보여주시겠습니까?
게이칸이샤 루찡카 커이마
給看一下入境卡可以嗎?

43. 오늘 저는 매우 바쁩니다.

Ⓐ 오늘 저와 같이 갈 수 있어요?

Ⓑ 저는 못 가겠는데요. 일이 있어요.

Ⓐ 그도 갈 수 없을까요?

Ⓑ 그는 저녁 때 가려고 하나봐요.

Ⓐ 그는 지금 바쁜가요?

Ⓑ 내가 보기에는 시간이 있는 것 같아요.

포인트 단어

- 忙 : 바쁘다
- 事情 : 일, 사정
- 工夫 : 시간, 틈

찐 티엔 워 헌 망
今天我很忙。

니 넝 껀 워 이 치 취 마
Ⓐ 你能跟我一起去嗎?

워 뿌 넝 취　워 요 스 칭
Ⓑ 我不能去。我有事情。

타 예 뿌 넝 쩌우 너
Ⓐ 他也不能走呢?

타 완 상 야오 쩌우 와
Ⓑ 他晚上要走哇。

타 시엔 짜이 망 뿌 망
Ⓐ 他現在忙不忙?

워 칸 타 요 꽁 푸
Ⓑ 我看他有工夫。

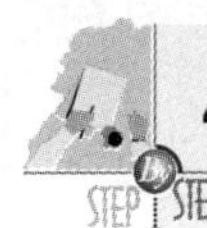

44. 지금 시간 있습니까?

Ⓐ 너 지금 시간 좀 있니?

Ⓑ 지금은 시간 없어.

Ⓐ 내일 낮은 어때.

Ⓑ 집에서 책 봐. 아무데도 안가.

Ⓐ 내일 너 찾아가도 될까?

Ⓑ 좋아. 무슨 일 있어?

Ⓐ 내일 다시 얘기하자.

포인트 단어

- 空 : 틈, 여가
- 白天 : 낮
- 看書 : 책보다, 공부하다

시엔짜이 요 콩 마
現在有空嗎?

시엔짜이 니 요 메이 요 콩
Ⓐ 現在你有沒有空?

시엔짜이메이 요 콩
Ⓑ 現在沒有空。

밍 티엔 바이 티엔 쩐 머 양
Ⓐ 明天白天怎麼樣?

짜이지아 칸 쑤 날 예 부 취
Ⓑ 在家看書。哪兒也不去。

밍 티엔 워 취 자오 니 커 부 커 이
Ⓐ 明天我去找你可不可以?

하오와 요 션 머 스
Ⓑ 好哇, 有甚麼事?

덩 밍 티엔 짜이 수오 바
Ⓐ 等明天再說吧。

포인트 단어

- 哇 : 어기조사

45. 빨리 가서 오라고 하세요.

STEP BY STEP

Ⓐ 장선생 어디 계시지?

Ⓑ 응접실에 계십니다.

Ⓐ 응접실에서 뭘 하지?

Ⓑ 한담하고 계신 것 같아요.

Ⓐ 누구와 같이?

Ⓑ 모르겠는데요.

Ⓐ 네가 빨리 가서 오시라고 해라.

포인트 단어

- 聊天 : 한담하다, 세상 얘기하다
- 知道 : 알다
- 叫 : ~하게 하다

콰이 취 찌아오라이
快去叫來。

짱 시엔 성 짜이 나 리
Ⓐ 張先生在哪裏?

타 짜이 커 팅 바
Ⓑ 他在客廳吧。

짜이 커 팅 깐 션 머
Ⓐ 在客廳幹甚麼?

하오 샹 리아오리아오티엔바
Ⓑ 好像聊聊天呢。

껀 세이 짜 이 치
Ⓐ 跟誰在一起?

워 뿌 즈 다오
Ⓑ 我不知道。

니 콰이 취 찌아오 타 라이
Ⓐ 你快去叫他來。

46. 담배 피우십시오.

Ⓐ 담배 피우시지요.

Ⓑ 감사합니다. 저는 담배를 못 피웁니다.

Ⓐ 사양하지 마십시오. 여기 담배 있어요.

Ⓑ 아닙니다. 정말 못 피웁니다.

포인트 단어

- 抽煙 : 담배 피우다
- 香煙 : 담배

칭 초우이엔
請抽煙。

칭 초우이엔 바
Ⓐ 請抽煙吧!

씨에시에 워 부 후이 초우 이엔
Ⓑ 謝謝, 我不會抽煙。

니 부 야오 커 치 쩔 요 샹 이엔
Ⓐ 你不要客氣。這兒有香煙。

부 스 워 쩐 부 후이
Ⓑ 不是。我眞不會。

유용한 표현

▶방문 목적은 무엇입니까?
팡원더 무디쓰 선머
訪問的目的是什么?

▶관광입니다(사업입니다).
쓰꽈ㄴ꽝 (쓰빤쑬)
是觀光(是辦事)。

▶돌아가실 항공권은 있습니까?
유후이취더 찌표마
有回去的機票嗎?

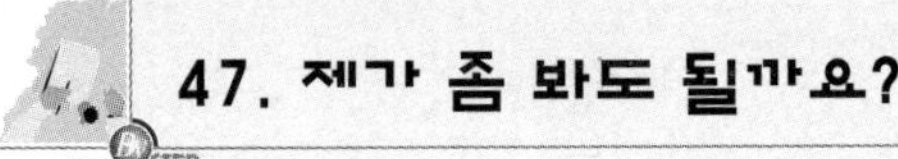

47. 제가 좀 봐도 될까요?

Ⓐ 당신 손목시계 좀 봐도 됩니까?

Ⓑ 물론 되지요.

Ⓐ 좀 보여 주세요.

Ⓑ 좋아요. 가져 가서 보세요.

Ⓐ 어디서 사셨습니까?

Ⓑ 서울 백화점에서 샀어요.

포인트 단어

- 手錶 : 손목시계
- 當然 : 당연하지요, 물론입니다
- 漢城 : 서울
- 給 : 주다

워 커 이 칸 마
我可以看嗎?

워 커 이 칸 니 더 소우비아오 마
Ⓐ 我可以看你的手錶嗎?

땅 란 커 이
Ⓑ 當然可以。

게이 워 칸 이 칸 하오 뿌 하오
Ⓐ 給我看一看好不好?

하오 니 나 취 칸 바
Ⓑ 好, 你拿去看吧!

짜 날 마이 더
Ⓐ 在哪兒買的?

짜이 한 청 바이후오 꽁 스 마이 더
Ⓑ 在漢城百貨公司買的。

48. 한국말을 할 줄 아십니까?

Ⓐ 한국말 할 줄 아십니까?

Ⓑ 모릅니다.

Ⓐ 전혀 모릅니까?

Ⓑ 그렇습니다.

Ⓐ 배운 적이 있습니까?

Ⓑ 아니요. 들어도 못 알아듣고, 봐도 못 알아봅니다.

포인트 단어

- 會說 : 말할 수 있다
- 看不懂 : 알아보지 못하다

니 후이 부 후이수오 한 구오 화
你會不會說韓國話?

니 후이수오 한 구오 화 마
Ⓐ 你會說韓國話嗎?

워 뿌 동
Ⓑ 我不懂。

이 디 다 얼 예 뿌 동 마
Ⓐ 一點兒也不懂嗎?

스
Ⓑ 是。

니 쉬에 꾸오 메이 요
Ⓐ 你學過沒有?

메이 요 워 팅 예 팅 뿌 동 칸 예 칸 뿌 동
Ⓑ 沒有。我聽也聽不懂, 看也看不懂。

49. 일본요리 먹읍시다.

Ⓐ 배 고프니?

Ⓑ 배가 좀 고픈데.

Ⓐ 우리 국수 먹자.

Ⓑ 난 국수 종류는 싫은데.

Ⓐ 그럼 일본요리 먹자.

Ⓑ 좋아.

포인트 단어

- 麵 : 국수
- 日本菜 : 일본요리

ˉ ˋ ˇ ˋ ˚
츠 르 번 차이 바
吃日本菜吧。

ˇ ˋ ˚ ˋ
니 으어 뿌 으어
Ⓐ 你餓不餓?

ˇ ˚ ˋ ˚ ˋ ˇ
뚜 즈 으어 러 이 디엔
Ⓑ 肚子餓了一點。

ˇ ˚ ˉ ˋ ˚
워 먼 츠 미엔 바
Ⓐ 我們吃麵吧。

ˇ ˋ ˋ ˉ ˋ ˋ
워 뿌 아이 츠 미엔 레이
Ⓑ 我不愛吃麵類。

ˋ ˚ ˉ ˋ ˇ ˋ ˚
나 머 츠 르 번 차이 바
Ⓐ 那麼, 吃日本菜吧!

ˇ
하오
Ⓑ 好。

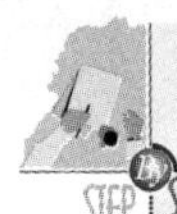

50. 몇 번 버스를 타야 하지요?

Ⓐ 저는 남산에 가려는데요.

여기서 몇 번 버스를 탑니까?

Ⓑ 80번 버스를 타면 됩니다.

정류장은 큰 길 맞은편에 있습니다.

Ⓐ 감사합니다.

포인트 단어

- 巴士 : 버스(音譯)
- 才 : 겨우, 비로소

쭈오 지 하오 빠 스 취 차이하오
坐幾號巴士去才好?

워 야오따오 난 산 취
Ⓐ 我要到南山去。

짜이 쩔 쭈오 지 하오 더 빠 스 취 너
在這兒坐幾號的巴士去呢?

쭈오 빠링하오찌우 커 이
Ⓑ 坐80號就可以。

처 짠 짜이 마 루 뚜이미엔
車站左馬路對面。

씨에 시에
Ⓐ 謝謝。

유용한 표현

▶여기가 택시 타는 곳입니까?
짜이쩌리 쭤디스마
在這里坐的士嗎?
▶네, 타십시오.
쓰더 칭쌍처바
是的, 請上車吧。
▶어디로 모실까요?
취선머띠팡
去什么地方?

51. 차안에서 잃어버렸습니다.

STEP by STEP

Ⓐ 너 뭘 찾니?

Ⓑ 내 교과서 찾아.

Ⓐ 너 가져왔어?

Ⓑ 응. 그런데 아마 차안에서 잃었나봐.

Ⓐ 그럼 어떻게 하지?

Ⓑ 할 수 없지 뭐 다시 한 권 사야지.

포인트 단어

- 丢 : 잃다
- 課本 : 교과서
- 怎麼辦? : 어떻게 해요?
- 沒辦法 : 방법이 없다, 어쩔 수 없다

띠우짜이처 즈 리 러
丟在車子裏了。

니 자오 선 머
Ⓐ 你找甚麼?

자오 워 더 커 번
Ⓑ 找我的課本。

니 따이 라이 러 마
Ⓐ 你帶來了嗎?

스 커 스 예 쉬 띠우짜이처 즈 리 러
Ⓑ 是, 可是也許丟在車子裏了。

나 쩐 머 빤 너
Ⓐ 那怎麼辦呢?

메이 빤 파 짜이 마이 이 번
Ⓑ 沒辦法再買一本。

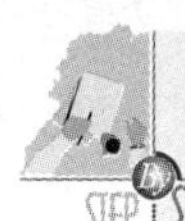

52. 가격이 올랐습니다.

Ⓐ 이 큰 것은 얼마지요?

Ⓑ 가격이 또 약간 올랐습니다.

Ⓐ 한 개 250원 아니예요?

Ⓑ 지난달부터 260원을 받습니다.

Ⓐ 빨간 것 2개 싸 주세요.

Ⓑ 감사합니다. 모두 520원입니다.

포인트 단어

- 漲 : (물이)붓다, 가격이 오르다
- 上個月 : 지난달
- 一共 : 모두, 합쳐서
- 塊錢 : 화폐 단위

지아치엔 쟝 러
價錢漲了。

쩌 따 더 뚜오사오치엔 너
Ⓐ 這大的多少錢呢?

지아치엔 요 쟝 러 이 디엔
Ⓑ 價錢又漲了一點。

부 스 이 거 얼바이우 마
Ⓐ 不是一個二百五嗎?

총 상 거 위에 워 먼 야오 량 바이리우 스 콰이치엔
Ⓑ 從上個月我們要兩百六十塊錢。

게이 워 빠오량 거 홍 더
Ⓐ 給我包兩個紅的。

씨에시에 니 이 꽁 우 바이 얼 스 콰이치엔
Ⓑ 謝謝你, 一共五百二十塊錢。

53. 옷이 너무 더러워졌어요.

Ⓐ 너 옷이 어쩌면 이렇게 더러워졌니?

Ⓑ 길거리에서 더럽혔어요.

Ⓐ 빨리 가서 잘 빨아라.

Ⓑ 예.

Ⓐ 깨끗해졌니?

Ⓑ 깨끗해졌어요, 여러 번 빨았는걸요.

포인트 단어

- 衣服 : 옷, 의복
- 弄髒 : 더럽히다
- 洗 : 씻다, 빨다
- 乾淨 : 깨끗하다
- 好幾次 : 아주 여러번
- 趕快 : 빨리
- 髒 : 더럽다

이 푸 타이 짱 러
衣服太髒了。

니 더 이 푸 쩐 머 쩌 양 짱 러 너
Ⓐ 你的衣服怎麼這樣髒了呢?

짜이 지에 상 눙 짱 러
Ⓑ 在街上弄髒了。

깐 콰이 취 하오 하올 시 이 시
Ⓐ 趕快去好好兒洗一洗。

스
Ⓑ 是。

시 깐 징 러 메이 요
Ⓐ 洗乾淨了沒有?

시 깐 징 러 시 러 하오 지 츠
Ⓑ 洗乾淨了, 洗了好幾次。

54. 비행장에 친구를 마중하러 갑니다.

Ⓐ 어디 가십니까?

Ⓑ 비행장에 가려고요.

Ⓐ 비행장엔 왜 가는데요?

Ⓑ 제 중국 친구를 마중하려고요.

그는 대북에서 오거든요.

포인트 단어

- 機場 : 비행장
- 接 : 마중하다, 맞이하다
- 臺北 : 대북시

따오 지 창 취 지에 워 펑 요
到機場去接我朋友。

Ⓐ 니 따오 날 취
你到哪兒去?

Ⓑ 워 야오 따오 지 창 취
我要到機場去。

Ⓐ 따오 지 창 깐 션 머
到機場幹甚麼?

Ⓑ 지에 워 더 쭝 구오 펑 요
接我的中國朋友。

Ⓐ 타 스 총 타이뻬이 라이 더
他是從臺北來的。

호텔 예약

▶도와드릴까요?
빵닌선머너
幇您什么呢?

▶김인수란 이름으로 예약했었습니다.
이찐런쭈밍 이띵러팡쪈
以金仁洙名, 已定了房間。

▶아, 네 숙박신고서에 기록하십시오.
아 쓰마 칭찌루이샤이샤
阿, 是嗎, 請記錄一下。

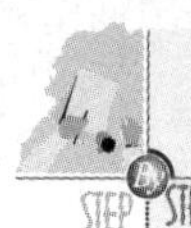

55. 찬물 한 잔만 주세요.

Ⓐ 저는 목마르고 더워요. 냉수 한 잔만 주세요.

Ⓑ 안돼요. 냉수를 마시는 건 배에 나빠요.

Ⓐ 차가운 쥬스 있나요?

Ⓑ 있어요. 제가 얼음을 넣어 드리지요.

포인트 단어

- 冷水 : 냉수
- 渴 : 목마르다, 갈증나다
- 放冰 : 얼음을 넣다

게이 워 이 뻬이 렁 수이
給我一杯冷水。

워 요 커 요 르어 게이 워 이 뻬이 렁 수이
Ⓐ 我又渴又熱。給我一杯冷水。

뿌 싱 허 렁 수이 뚜 즈 뿌 하오
Ⓑ 不行，喝冷水肚子不好。

요 메이 요 삥 더 구오 즈
Ⓐ 有沒有冰的果汁?

요 와 워 게이 니 팡 삥 바
Ⓑ 有哇，我給你放冰吧。

호텔 예약

▶호텔 요금이 얼마입니까?
쭈쉬퍼이쓰 뚜어쏘우
住宿費是多少?

▶하룻밤에 80원입니다.
이슈빠스웬
一休八十元。

▶여기 있습니다.
게이니
給你。

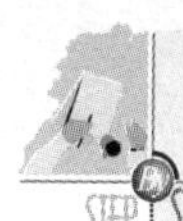

56. 나는 그들을 모릅니다.

Ⓐ 저 사람들은 모두 누구입니까?

Ⓑ 저도 모르겠습니다.

Ⓐ 한 명도 알지 못합니까?

Ⓑ 저 키큰 사람은 한번 본 적이 있는 것 같습니다.

포인트 단어

- 認識 : 안면이 있다, 알다
- 高個子 : 키다리
- 見過 : 본적이 있다

워 뿌 런 스 타 먼
我不認識他們。

타 먼 또우 스 셰이 아
Ⓐ 他們都是誰啊?

워 예 뿌 런 스
Ⓑ 我也不認識。

이 거 또우 뿌 런 더 마
Ⓐ 一個都不認得嗎?

나 거 까오 꺼 즈 하오 샹 지엔 꾸오 이 츠
Ⓑ 那個高個子好像見過一次。

호텔에서

▶도와드릴까요. 손님
센셩 빵닌선머너
先生, 幇您什么呢?

▶내일 아침 7시에 두 사람이 할 식사를 주문하고 싶습니다.
샹띵이샤 밍텐조우천치덴더량꺼런더 조우찬
想定一下, 明天早晨七点的兩个人的早餐。

▶무얼 드시겠습니까?
샹츠선머
想吃什你?

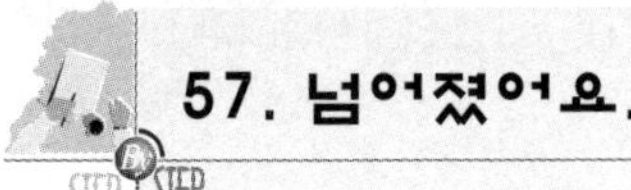

57. 넘어졌어요.

Ⓐ 차 왔다. 빨리 뛰자.

Ⓑ 아야! 넘어졌어.

Ⓐ 다치지 않았니?

Ⓑ 괜찮아. 피가 약간 나는데.

Ⓐ 빨리 가서 약 바르자.

Ⓑ 약 바를 필요 없어.

포인트 단어

- 跌倒 : 거꾸러져 넘어지다
- 跑 : 뛰다
- 受傷 : 상처를 입다
- 流血 : 피를 흘리다
- 擦 : 바르다, 문지르다

디에 다오 러
跌倒了。

처 즈 라이 러 콰이 파오 바
Ⓐ 車子來了, 快跑吧。

아이 야 디에 다오 러
Ⓑ 哎呀, 跌倒了。

소우 상 러 메이 요
Ⓐ 受傷了沒有?

부 야오 진 리우 러 이 디얼 시에
Ⓑ 不要緊, 流了一點兒血。

콰이 취 차 야오 바
Ⓐ 快去着藥吧。

융 뿌 자오 차 야오
Ⓑ 用不着擦藥。

포인트 단어

- 藥 : 약
- 用不着 : 필요 없다

58. 생일을 축하합니다.

Ⓐ 오늘 저녁에 시간 있습니까?

Ⓑ 무슨 일이 있나요?

Ⓐ 사실은 오늘이 제 생일입니다.

그래서 몇몇 친구들과 저녁을 함께 먹으려고요.

Ⓑ 그렇습니까? 그럼 제가 마땅히 가야죠.

생일 축하합니다.

포인트 단어

- 祝你 : 축하합니다, 기원합니다
- 其實 : 사실은
- 所以 : 그래서

쭈 니 성 르 콰이 러
祝你生日快樂。

니 찐 티엔 완 상 요 메이 요 콩
Ⓐ 你今天晚上有沒有空?

요 션 머 스
Ⓑ 有甚麼事?

치 스 찐 티엔 스 워 더 성 르
Ⓐ 基實今天是我的生日,

쑤오 이 시 왕 껀 지 웨이 펑 요 이 치 츠 완 판
所以希望跟幾位朋友一起吃晚飯。

쩌 양 마 나 워 까이 초우
Ⓑ 這樣嗎? 那我該去。

쭈 니 성 르 콰이 러
祝你生日快樂。

포인트 단어

- 晚飯 : 저녁 식사
- 快樂 : 즐겁다
- 該 : ~해야 마땅하다

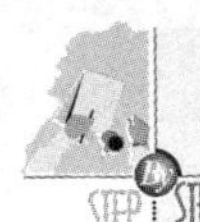

59. 여자 친구와 약속이 있습니다.

Ⓐ 너 왜 혼자 가지?

Ⓑ 그 애가 사정이 있데.

Ⓐ 무슨 일인데.

Ⓑ 여자 친구와 약속이 있는 것 같애.

Ⓐ 아! 그랬었구나.

포인트 단어

- 約會 : 약속
- 爲甚麼 : 왜?
- 一個人去 : 혼자 갑니까?
- 原來如此! : 그랬었구나!

껀 뉘 펑 요 요 거 위에후이
跟女朋友有個約會。

니 웨이 션 머 이 거 렌 취
Ⓐ 你爲甚麼一個人去?

타 요 스 칭
Ⓑ 他有事情。

션 머 스 칭 너
Ⓐ 甚麼事情呢?

하오 샹 껀 뉘 펑 요 요 거 위에후이
Ⓑ 好像跟女朋友有個約會。

아 위엔 라이 루 츠
Ⓐ 啊! 原來如此。

식당 예약

▶김인호입니다.

쨔 ㅛ찐런호

叫金仁浩。

▶7시에 2인용 테이블 김선생?

찐쎈성 치뎬중 량거런융쭤 뚜이마

金先生, 七点鐘兩个人用桌, 對嗎?

▶그렇소。

쓰더

是的.

60. 이발

Ⓐ 머리 좀 자르려는 데 빨리 할 수 있습니까?

Ⓑ 그럼요. 의자에 앉으십시오.

Ⓐ 원래 모양에 따라 잘라 주세요.

Ⓑ 좀 길게 할까요. 좀 짧게 할까요.

Ⓐ 너무 짧게 자르지 마세요.

Ⓑ 기름 바르시겠습니까?

Ⓐ 아니요.

포인트 단어

- 理髮 : 이발하다
- 倚子 : 의자
- 樣子 : 모양
- 剪 : 자르다(가위로)
- 照 : ~에 따라서

리 파
理髮

워 야오 지엔 파 넝 뿌 넝 콰이 이 디엔
Ⓐ 我要剪髮能不能快一點?

커 이 칭 쭈오 짜이 이 즈 상
Ⓑ 可以, 請坐在椅子上。

자오 위엔 라이 더 양 즈 지엔 이 시아
Ⓐ 照原來的樣子剪一下。

창 이 디엔 하이 스 뚜안 이 디엔
Ⓑ 長一點, 還是短一點?

부 야오 지에 타이 뚜안
Ⓐ 不要剪太短。

니 야오 부 야오 차 요
Ⓑ 你要不要擦油?

부 야오
Ⓐ 不要。

포인트 단어

- ~還是~ : ~아니면 ~
- 不要 : ~하지 마라
- 擦油 : 기름 바르다

61. 중국어를 몇 년이나 배우셨습니까?

Ⓐ 중국어를 몇 년이나 배웠나요.

Ⓑ 이제 겨우 일 년 배웠어요.

Ⓐ 정말 말을 잘 하시는데요.

Ⓑ 과찬의 말씀을.

Ⓐ 발음도 아주 정확합니다.

Ⓑ 많이 가르쳐 주세요.

포인트 단어

- 不錯 : 괜찮다, 훌륭하다
- 過獎 : 과분한 칭찬입니다
- 口音 : 발음

쉬에 러 지 니엔 더 쭝 구오 화
學了幾年的中國話?

니 쉬에 러 지 니엔 더 쭝 구오 화
Ⓐ 你學了幾年的中國話?

워 차이 쉬에 러 이 니엔
Ⓑ 我才學了一年。

니 수오 더 헌 부 추오
Ⓐ 你說得很不錯。

꾸오 지앙 꾸오 지앙
Ⓑ 過獎, 過獎。

니 더 코우 인 예 헌 쩡 취에
Ⓐ 你的口音也很正確。

칭 니 뚜오뚜오 즈 지아오
Ⓑ 請你多多指教。

포인트 단어

- 正確 : 정확하다
- 指教 : 가르치다

62. 서울에 대해 어떻게 느끼십니까?

Ⓐ 서울의 인상이 어떻습니까?

Ⓑ 아름다운 도시인 것 같은데요.

Ⓐ 정말입니까?

Ⓑ 제 생각에는 서울은 지금 발전 중입니다.

그렇지요?

Ⓐ 당신 말이 맞습니다.

포인트 단어

- 覺得 : 느끼다
- 印像 : 인상
- 美麗 : 아름답다

한 청 니쥐에더 쩐머 양
漢城, 你覺得怎麼樣?

한 청 더 인 샹 쩐 머 양
Ⓐ 漢城的印象怎麼樣?

하오 샹 스 헌 메이 리 더 뚜 스
Ⓑ 好傷是很美麗的都市。

쩐 더 화 너
Ⓐ 眞的話呢?

워 샹 한 청 스 쩡 짜이 파 잔 너
Ⓑ 我想漢城是正在發展呢。

뚜이 부 뚜이
對不對?

니 수오 더 헌 뚜이
Ⓐ 你說得很對。

포인트 단어

- 都市 : 도시
- 正在~呢 : ~하는 중이다(진행)

63. 어제 나는 병이 났습니다.

Ⓐ 어제는 어째서 오지 않았지요?

Ⓑ 병이 났어요.

Ⓐ 어디가 아픈데요?

Ⓑ 감기인 것 같아요.

Ⓐ 이젠 나았어요?

Ⓑ 두통이 좀 있어요.

Ⓐ 일찍 돌아가 쉬도록 해요.

Ⓑ 고맙습니다.

ˊ ˉ ˇ ˉ ˋ ˚
쭈오티엔 워 성 삥 러
昨天我生病了。

ˊ ˉ ˇ ˚ ˊ ˊ
쭈오티엔 쩐 머 메이 라이
Ⓐ 昨天怎麼沒來?

ˇ ˉ ˋ ˚
워 성 삥 러
Ⓑ 我生病了。

ˇ ˋ ˉ ˊ ˚
날 뿌 수 푸 너
Ⓐ 哪兒不舒服呢?

ˇ ˋ ˋ ˇ ˋ ˚
하오시앙 스 간 마오 러
Ⓑ 好像是感冒了。

ˋ ˋ ˇ ˚ ˚
시엔 짜이 하오 러 마
Ⓐ 現在好了嗎?

ˇ ˋ ˇ ˊ ˊ
요 이 디엔 토우 텅
Ⓑ 有一點頭疼。

ˇ ˇ ˋ ˇ ˊ ˋ ˉ ˚ ˚
니 짜오 이 디엔 후이 취 씨우 시 바
Ⓐ 你早一點回去休息吧。

ˋ ˚
씨에 시에
Ⓑ 謝謝。

64. 계산은 제가 하겠습니다.

Ⓐ 오늘 계산은 제가 하지요.

Ⓑ 아닙니다. 제가 청했는데요. 마땅히 제가 내야죠.

Ⓐ 제발 사양하지 마십시요.

Ⓑ 좋습니다. 다음에 제가 다시 초대하지요.

돈을 쓰시게 해서 정말 안됐습니다.

Ⓐ 천만에 말씀을, 대접이 소홀했습니다.

포인트 단어

- 賬 : 계산서
- 由 : ~에서
- 付 : 지불하겠다
- 付錢 : 지불하다
- 改天 : 다음날
- 破費 : 돈을 쓰다

짱 요 워 라이 푸
賑由我來付。

찐 티엔 더 짱 요 워 라이 푸 바
Ⓐ 今天的賑由我來付吧。

부 뚜이 워 칭 더 커 까이 워 푸 치엔
Ⓑ 不對, 我請的客, 該我付錢。

니 치엔 완 부 야오 커 치
Ⓐ 你千萬不要客氣。

하오 바 까이 티엔 짜이 칭 니 커
Ⓑ 好吧, 改天再請你客。

지아오 니 퍼 페이 러 뿌 하오 이 쓰
叫你破費了, 不好意思。

나 리 나 리 지엔 말 더 헌
Ⓐ 哪裏哪裏, 簡慢得跟。

포인트 단어

- 好意思 : 마음이 좋습니다
- 簡慢得跟 : 대접이 소홀합니다
- 哪裏 : 천만에요

65. 무슨 운동을 좋아합니까?

Ⓐ 무슨 운동을 좋아하십니까?

Ⓑ 농구와 테니스를 좋아합니다.

Ⓐ 야구는 어떻습니까?

Ⓑ 좋아하긴 좋아합니다만 잘 못합니다.

포인트 단어

- 運動 : 운동, 스포츠
- 打 : (구기를) 하다
- 籃球 : 농구
- 網球 : 테니스
- 棒球 : 야구

니 시 환 선 머 윈 뚱
你喜歡甚麼運動?

니 시 환 나 이 종 윈 뚱
Ⓐ 你喜歡哪一種運動?

다 란 치우 한 다 왕 치우
Ⓑ 打籃球和打網球。

빵 치우 쩐 머 양
Ⓐ 棒救怎麼樣?

시 환 스 시 환 커 스 다 더 부 따 하오
Ⓑ 喜歡是喜歡, 可是打得不大好。

식당에서

▶주문을 받을까요?
샹라이뎬 선머
想來点什么?

▶오늘의 특별음식이 무엇입니까?
찐텐 유선머터베더
今天, 有什么特別的?

▶구운만두입니다.
유쩨ㄴ죠
有煎餃。

66. 여러분 줄을 서세요.

STEP STEP

Ⓐ 밀지 마시고 한 분씩 한 분씩 오세요.

Ⓑ 사람이 많아서 어쩔수 없어요.

Ⓐ 여러분이 줄을 안 서면 표를 살 수 없어요.

여러분, 줄을 서 주십시오.

Ⓑ 우리가 입장권을 살 수 있겠습니까?

Ⓐ 사실 수 있습니다.

포인트 단어

- 排隊 : 줄을 짓다
- 推 : 밀다
- 買票 : 표를 사다
- 入場券 : 입장권

따 지아 라이 파이 뚜이
大家來排隊。

부 야오 투이 이 거 이 거 라이 바
Ⓐ 不要推，一個一個來吧。

렌 타이 뚜오 메이 빤 파
Ⓑ 人太多，沒辦法。

니 먼 부 파이 뚜이 더 화 뿌 넝 마이 피아오
Ⓐ 你們不排隊的話，不能買票。

칭 따 지아 라이 파이 뚜이
請大家來排隊。

워 먼 마이 더 따오 루 창 취엔 마
Ⓑ 我們買得到入場券嗎?

니 먼 커 이 마이
Ⓐ 你們可以買。

67. 잘못 거셨습니다.

Ⓐ 거기가 이선생님 댁인가요?

Ⓑ 아닌데요. 잘못 거셨습니다.

Ⓐ 거기 전화가 567-8123 아닌가요?

Ⓑ 우리 전화번호는 567-8124입니다.

Ⓐ 아, 미안합니다. 제가 잘못 걸었습니다.

Ⓑ 괜찮습니다.

포인트 단어

- 打錯 : 잘못 걸다
- 號碼 : 번호
- 㖿 : 감탄사

니 다추오 러
你打錯了。

니 쩔 스 리 씨엔성 더 지아 마
Ⓐ 您這兒是李先生的家嗎?

부 스 니 다 추오 러
Ⓑ 不是, 你打錯了。

닌 더 띠엔화 부 스 우 리우 치 빠 이 얼 싼 마
Ⓐ 您的電話不是五六七八一二三嗎?

워 먼 하오 마 스 우 리우 치 빠 이 얼 쓰
Ⓑ 我們號碼是五六七八一二四。

오우 뚜이 부 치 워 다 추오 러
Ⓐ 噢對不起, 我打錯了。

메이 꽌 시
Ⓑ 沒關係。

포인트 단어

- 沒關係 : 괜찮아요

68. 왕선생님과 통화하고 싶습니다.

Ⓐ 왕선생님 사무실이지요?

Ⓑ 그렇습니다.

Ⓐ 왕선생님과 통화하고 싶은데요. 안계십니까?

Ⓑ 계십니다. 잠깐 기다리십시오.

Ⓒ 제가 왕의명입니다. 누구신가요?

Ⓐ 저는 이덕왕입니다. 오랜만입니다.

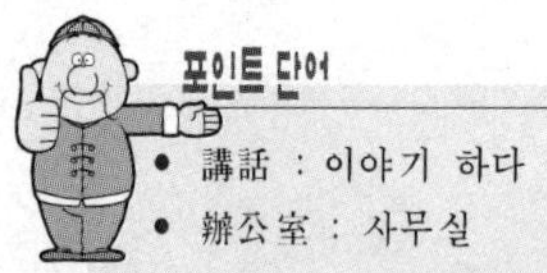

포인트 단어

- 講話 : 이야기 하다
- 辦公室 : 사무실

워 야오칭 왕 씨엔성 쟝 화
我要請王先生講話。

왕 씨엔성 더 빤 꽁 스 마
Ⓐ 王先生的辦公室嗎?

스 더
Ⓑ 是的。

워 야오칭 왕 씨엔성 쟝 화 타 부 짜이 마
Ⓐ 我要請王先生講話, 他不在嗎?

타 짜 칭 덩 이 시아
Ⓑ 他在, 請等一下。

워 스 왕 이 밍 닌 스 나 웨이 아
Ⓒ 我是王義明, 您是哪位啊?

워 스 리 더 왕 하우지우 부 지엔
Ⓐ 我是李德旺。好久不見。

69. 저에게 전화해 달라고 전해주세요.

Ⓐ 여보세요. 李선생 댁이죠?

Ⓑ 그렇습니다. 누굴 찾으시죠?

Ⓐ Miss 리와 통화할 수 있을까요?

Ⓑ 지금 없는데요.

잠시 후에 다시 전화하는 게 어때요?

Ⓐ 張동학에게 전화 좀 걸어달라고 말해 주십시오.

포인트 단어

- 喂 : 여보세요!
- 公官 : 家의 존칭, 댁
- 給 : ~에게

쟝 타게이워 다 디엔화
講她給我打電話。

웨이닌 쩔 스리 꽁관 마
Ⓐ 喂您這兒是李公館嗎?

뚜이 니 자오세이
Ⓑ 對, 你找誰?

워 커 이 껀리 샤오지에 쟝 화 마
Ⓐ 我可以跟李小姐講話嗎?

시엔 짜이 타 부 짜이
Ⓑ 現在她不在,

덩 이 후얼 짜이 다 하오 뿌 하오
等一會兒再打好不好?

칭 니 쟝 타게이쨩 퉁 쉬에 다 디엔 화
Ⓐ 請你講她給張同學打電話。

70. 에누리가 없습니다.

Ⓐ 이 옷 참 괜찮은 데 값을 모르겠네요.

Ⓑ 5만원입니다.

Ⓐ 가격이 너무 비싸군요. 좀 싸게 안되나요?

Ⓑ 아가씨 저희는 에누리가 없습니다.

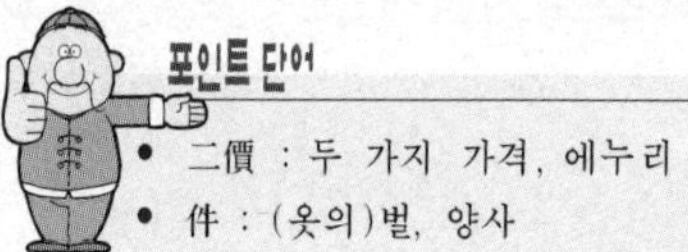

포인트 단어

- 二價 : 두 가지 가격, 에누리
- 件 : (옷의)벌, 양사

뿌 얼 지아
不二價。

쩌 지엔 이 푸 부 추오 뿌 즈 다오 뚜오 사오 치엔
Ⓐ 這件衣服不錯, 不知道多少錢。

우 만 콰이 치엔
Ⓑ 五万塊錢。

지아 치엔 타이 꾸이 러 바 뿌 넝 피엔 이 이 디엔 마
Ⓐ 價錢太貴了吧! 不能便宜一點嗎?

시아 오지에 워 먼 쩌 스 뿌 얼 지아
Ⓑ 小姐, 我們這是不二價。

약국에서

▶도와드릴까요?
샹마이덴선머너
想買点什么呢?
▶네, 비타민을 팔고 있습니까?
유워이썽쑤마
有維生素嗎?
▶비타민 B, C, E 종합비타민 중에서 무엇을 드릴까요?
워썽쑤삐 씨 이 푸허워썽쑤쭝 요우나이중
維生素B,C,E復合維生素中, 要哪一種?

71. 70원 거슬러 드립니다.

Ⓐ 이 사이다 한 병에 얼마지요?

Ⓑ 1병에 530원입니다.

Ⓐ 잔돈이 없군요. 여기 600원 있습니다.

Ⓑ 그럼 제가 70원을 거슬러 드리지요.

포인트 단어

- 找 : (잔돈을) 거스르다
- 一瓶 : 한 병
- 零錢 : 잔돈

자오게이 니 치 스 콰이
找給你七十塊。

짜 이 핑 치 쑤이 지 콰이 치엔
Ⓐ 這一瓶氣水幾塊錢?

이 핑 우 바이 싼 스
Ⓑ 一瓶五百三十。

워 메이 요 링 치엔 짜 요 리유 바이 콰이
Ⓐ 我沒有零錢。這有六百塊。

나 워 자오게이 니 치 스 콰이 치엔
Ⓑ 那我找給你七十塊錢。

약국에서

▶**종합비타민을 주세요.**
나푸허워이썽쑤바
拿復合維生素吧。
▶**당신이 복용하실건가요?**
쓰닌츠더마
是您**吃得**嗎?
▶**아니오, 부인이 쓸 것입니다.**
뿌 쓰워더 타이타이츠
不, 是我的太太吃。

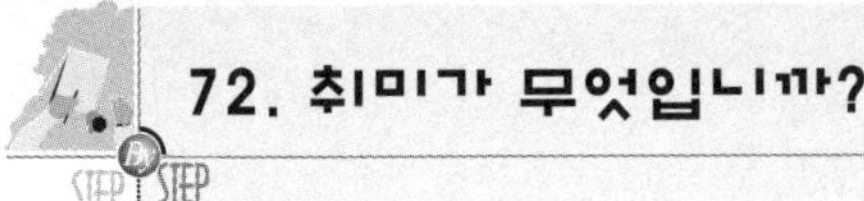

72. 취미가 무엇입니까?

Ⓐ 취미가 있습니까?

Ⓑ 나는 각 국 우표 모으는 것을 좋아합니다.

Ⓐ 그것 참 좋은 취미군요.

Ⓑ 당신은요?

Ⓐ 저는 성냥갑 모으는 것 이외에 클래식

음악을 좋아합니다.

포인트 단어

- 嗜好 : 취미
- 搜集 : 수집 하다, 모으다
- 啦 : 어기 조사

ˇ ˚ ˋ ˋ ˋ ˊ ˚
니 더 스하오스 선 머
你的嗜好是甚麼?

ˇ ˇ ˊ ˚ ˋ ˋ
니 요메이요 스하오
Ⓐ 你有沒有嗜好?

ˇ ˇ ˉ ˇ ˉ ˋ ˊ ˚ ˊ ˋ
워 시 환 소우 지 꺼 구오 더 요 피아오
Ⓑ 我喜歡搜集各國的郵票。

ˋ ˚ ˇ ˇ ˚ ˋ ˋ ˚
나 스 헌 하오 더 스하오 라
Ⓐ 那是很好的嗜好啦。

ˇ ˚
니 너
Ⓑ 你呢?

ˇ ˇ ˉ ˇ ˊ ˊ ˇ ˋ ˊ ˇ ˉ ˉ ˇ ˇ ˉ ˋ
워 소우 지 후어 차이 허 이 와이 하이 시 환 팅 꾸 디엔 인 위에
Ⓐ 我搜集火柴盒以外還喜歡聽古典音樂。

포인트 단어

- 火柴盒 : 성냥갑
- 古典音樂 : 고전 음악

73. 영화를 보다.

Ⓐ 오늘 저녁 시간 있니?

Ⓑ 무슨 좋은 계획 있어?

Ⓐ 우리 영화 한 편 보러 가는 게 어때?

Ⓑ 어떤 영화를 볼 건데?

Ⓐ 나는 서부 영화를 좋아해. 너는?

Ⓑ 나는 희극을 보고 싶은데.

포인트 단어

- 電影 : 영화
- 計劃 : 계획
- 一片 : 한편(영화 혹은 소설)

칸 디엔 잉
看電影。

찐 티엔 완 상 요 콩 마
Ⓐ 今天晚上有空嗎?

니 요 션 머 하오 더 지 후아 너
Ⓑ 你有甚麼好的計劃呢?

워 먼 칸 이 피엔 디엔 잉 취 쩐 머 양
Ⓐ 我們看一片電影去怎麼樣?

니 샹 칸 나 이 뿌 디엔 잉
Ⓑ 你想看哪一部電影?

워 아이 칸 시 뿌 우 다 피엔 니 너
Ⓐ 我愛看西部武打片。你呢?

워 샹 칸 시 쥐
Ⓑ 我想看喜劇。

포인트 단어

- 西部武打片 : 서부영화
- 喜劇 : 코미디

74. 어떤 음악을 좋아하십니까?

Ⓐ 이 음악은 아주 듣기 좋군요. 무슨 노래죠?

Ⓑ 그 노래는 우리나라에서 가장 유명한 가수가 부른 노래입니다.

Ⓐ 유행가입니까?

Ⓑ 그렇습니다. 어떤 음악을 좋아합니까?

Ⓐ 저는 팝송을 좋아합니다.

포인트 단어

- 哪一種 : 어떤 종류
- 好聽 : 듣기 좋다
- 歌兒 : 노래
- 有名 : 유명한
- 歌星 : 가수

니 시 환 나 이 종 인 위에
你喜歡哪一種音樂?

째 인 위에 헌 하오 팅 스 션 머 껄
Ⓐ 這音樂很好聽, 是甚麼歌兒?

나 소우 껄 스 워 구어 쭈이 요 밍 더 꺼 싱 창 더
Ⓑ 那首歌兒是我國最有名的歌星唱的。

리우 싱 꺼 취 마
Ⓐ 流行歌曲嗎?

스 니 시 환 션 머 인 위에
Ⓑ 是, 你喜歡甚麼音樂?

워 시 환 르어 먼 인 위에
Ⓐ 我喜歡熱門音樂。

포인트 단어

- 熱門音樂 : 팝송

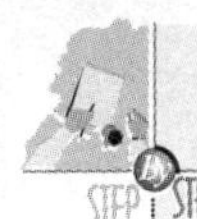

75. 어디 아프니?

Ⓐ 웬일이야, 어디 아프니?

Ⓑ 두통이 좀 있고 열이 나는 것 같애.

Ⓐ 감기가 든 모양이다.

Ⓑ 저녁에 돌아가서 아스피린 몇 알 먹으면 돼.

포인트 단어

- 舒服 : 편안하다
- 頭疼 : 두통
- 發燒 : 열이 나다
- 感冒 : 감기
- 顆 : 알갱이, 양사
- 阿斯匹靈 : 아스피린

뿌 수 푸 마
不舒服嗎?

쩐 머 라 뿌 수 푸 마
Ⓐ 怎麼啦, 不舒伏嗎?

쥐에 더 요 이 디엔토우 텅 한 파 사오
Ⓑ 覺得有一點頭疼和發燒。

커 넝 스 간 마오 바
Ⓐ 可能是感冒吧。

완 상 후이 취 츠 지 커 아 쓰 삐 링 찌우 하오
Ⓑ 晚上回去吃幾顆阿斯匹靈就好。

약국에서

▶ **도와드릴까요?**

샹마이선머너
想買什么呢?

▶ **입냄새 제거약 주세요.**

나코우초우요우바
拿口臭藥吧。

▶ **여기 있습니다. 그 밖에 또?**

게이니 하이요우선머
給你, 還要什么?

76. 비행장에서 택시를 탔을 때

Ⓐ 택시!

Ⓑ 어디까지 가시나요?

Ⓐ 워커힐호텔로 갑시다. 빨리 좀 가 주십시오.

Ⓑ 알겠습니다. 중국에서 오셨나보군요.

Ⓐ 그렇습니다.

Ⓑ 한국에 오신 걸 환영합니다.

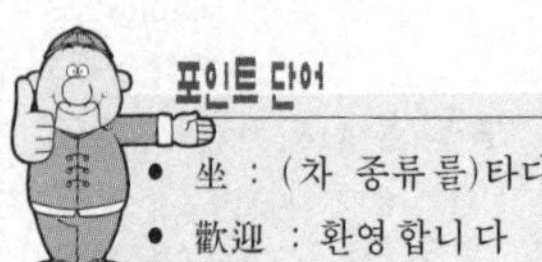

포인트 단어

- 坐 : (차 종류를)타다
- 歡迎 : 환영합니다

쭈오지 청 처 취
坐計程車去

택시
Ⓐ Taxi!

니 따오 날 취
Ⓑ 您到那兒去?

워 따오 후아 커 따 판 디엔 취 칭 콰이디엔 바
Ⓐ 我到華客大飯店去。請快點吧。

하오 니 총 쭝 구오라이 더 바
Ⓑ 好, 你從中國來的吧。

스
Ⓐ 是。

환 잉 따오 한 구오라이
Ⓑ 歡迎到韓國來。

77. 한국팀이 미국팀을 이겼습니다.

Ⓐ 우리 한국팀이 미국팀을 크게 이겼어!

Ⓑ 너 정말이야!

Ⓐ 정말이야. 3 : 0으로 크게 이겼다구.

Ⓑ 그럼 한국팀이 우승을 한 거잖아!

포인트 단어

- 隊 : 팀, 편
- 排球 : 배구
- 以~比~ : ~대 ~으로
- 勝 : 이기다
- 冠軍 : 패권, 우승

ˊ ˊ ˋ ˋ ˚ ˇ ˊ ˋ
한 구오뚜이 성 러 메이구오뚜이
韓國隊勝了美國隊。

ˇ ˚ ˊ ˊ ˋ ˋ ˋ ˇ ˊ ˋ
워 먼 한 구오뚜이 따 성 메이구오뚜이
Ⓐ **我們韓國隊大勝美國隊。**

ˇ ¯ ¯ ˚ ˚
니 수오 쩐 더 마
Ⓑ **你說眞的嗎?**

¯ ˚ ˇ ¯ ˇ ˇ ˋ ˋ ˚
쩐 더 이 싼 비 링 따 성 러
Ⓐ **眞的。以三比零大勝了。**

ˋ ˚ ˊ ˊ ˋ ˋ ˊ ¯ ¯ ˚
나 머 한 구오 뚜 성 더 꽈ㄴ 쥔 바
Ⓑ **那麼韓國隊勝得冠軍吧!**

약국에서

▶기침약 주십시오.
게이 커쒀요우바
給咳嗽**藥**吧。

▶코막힐 때 먹는 약 주십시오.
나거비싸이요우바
拿个**鼻塞藥**吧。

▶설사약 좀 주십시오.
나쎄리팅펜바
拿瀉痢停片吧。

78. 돈 좀 있으세요?

Ⓐ 왕선생. 돈 좀 있어요?

Ⓑ 예. 얼마가 필요한가요?

Ⓐ 500원 있어요? 그림 한 장을 사려구요.

Ⓑ 여기 1,000원 있어요. 두 장 사세요.

저도 한 장 사겠어요.

포인트 단어

- 劃兒 : 그림

니 요 메이 요 치엔
你有沒有錢?

왕 씨엔 성 　니 요 치엔메이 요
Ⓐ 王先生, 你有錢沒有?

요 　니 야오 뚜오 사오
Ⓑ 有, 你要多少?

니 요 우 바이 콰이 메이 요 　워 야오마이 이 짱 활
Ⓐ 你有五百槐沒有。我要買一張劃兒。

게이 니 이 치엔 콰이 치엔 　칭 니 마이 량 짱
Ⓑ 給你一千塊錢。請你買兩張,

워 예 야오마이 이 짱
我也要買一張。

약국에서

▶알러지 증세에 먹는 약 주십시오.

나꿔민씽지삥츠더요우바

拿過敏性疾病吃的藥吧。

▶입술이 터질 때 쓰는 약 주십시오.

나주이춘레더요우

拿嘴唇裂的藥吧。

▶종합감기약 주십시오.

게이나간모우쨔ㅛ낭

給拿感冒交囊。

79. 노래부르기를 좋아하십니까?

Ⓐ 당신들은 노래부르는 걸 좋아합니까?

Ⓑ 우리는 노래하기를 아주 좋아합니다.

Ⓐ 지금 한 곡 불러 보는 게 어때요?

Ⓑ 당신들은 어떤 곡을 부르기를 원합니까?

Ⓐ 나는 중국노래가 듣고 싶습니다.

포인트 단어

- 唱 : 노래 부르다
- 一首 : (노래) 한 곡, 양사

니 먼 아이 창 껄 마
你們愛唱歌兒嗎?

니 먼 아이 창 껄 마
Ⓐ 你們愛唱歌兒嗎?

워 먼 헌 아이 창 껄
Ⓑ 我們很愛唱歌兒。

시엔 짜이 창 이 소우 껄 하오 뿌 하오
Ⓐ 現在唱一首歌兒好不好?

니 먼 위엔 이 창 션 머 꺼
Ⓑ 你們願意唱甚麼歌?

워 샹 팅 쭝 구오 껄
Ⓐ 我想聽中國歌兒。

쇼핑

▶**도와드릴까요?**
샹칸칸선머
想看看什么?
▶**저 카메라를 보고 싶습니다.**
샹칸칸 나쪼우썅찌
想看看那照像機。
▶**방금 나온 신형입니다.**
쓰신추라이더 씬싱
是新出來的新型。

80. 경주까지 뭘 타고 갑니까?

Ⓐ 어느 곳으로 가십니까?

Ⓑ 우리는 경주로 갑니다.

Ⓐ 기차 타고 가십니까?

Ⓑ 아니요. 우리는 자동차로 갑니다.

Ⓐ 왜 비행기를 타지 않나요?

Ⓑ 거기까지는 비행기가 없습니다.

포인트 단어

- 汽車 : 자동차
- 飛機 : 비행기

따오 칭 조우 쭈오 션 머 처 취
到慶州坐甚麼車去?

니 먼 따오 나 거 띠 팡 취
Ⓐ 你們到那個地方去?

워 먼 따오 칭 조우 취
Ⓑ 我們到慶州去。

니 먼 쭈오 후오 처 취 마
Ⓐ 你們坐火車去嗎?

뿌 워 먼 쭈오 치 처 취
Ⓑ 不, 我們坐汽車去。

웨이 션 머 부 쭈오 페이 지
Ⓐ 爲甚麼不坐飛機?

따오 날 메이 요 페이 지
Ⓑ 到那兒沒有飛機。

81. 이 과일은 무엇입니까?

Ⓐ 말 좀 묻겠습니다. 이것이 무슨 과일이지요?

Ⓑ 이것은 사과입니다.

Ⓐ 사과를 좋아하십니까?

Ⓑ 아주 좋아합니다.

Ⓐ 어느 것이 예쁘고 맛도 좋을까요?

Ⓑ 모두 비슷합니다. 한 개 맛보시지요.

포인트 단어

- 蘋果 : 사과
- 香 : 맛이 좋다
- 嚐 : 맛보다

쩌 거 수이 꾸워 지아오 션 머
這個水果叫甚麼?

Ⓐ 칭 원 쩌 거 수이 꾸워 지아오 션 머
請問, 這個水果叫甚麼?

Ⓑ 쩌 거 찌아오 핑 꾸워
這個叫蘋果。

Ⓐ 니 시 환 츠 핑 꾸워 마
你喜歡吃蘋果嗎?

Ⓑ 워 헌 시 환 츠
我很喜歡吃。

Ⓐ 나 거 요 하오 칸 요 샹 너
哪個又好看又香呢?

Ⓑ 또우 차 부 뚜오 니 라이 창 창 이 거
都差不多。你來嚐嚐一個。

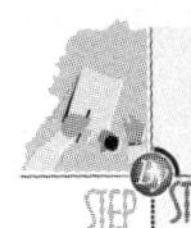

82. 어느 곳을 견학 했습니까?

Ⓐ 어제 어디를 견학했습니까?

Ⓑ 우리는 한 공장을 견학했습니다.

Ⓐ 느낌이 어떻습니까?

Ⓑ 한국의 공업발전은 정말 대단합니다.

포인트 단어

- 參觀 : 참관하다, 견학하다
- 工廠 : 공장

찬 관 러 션 머 띠 팡
參觀了甚麼地方?

쭈오티엔 니 찬 관 러 션 머 띠 팡
Ⓐ 昨天你參觀了甚麼地方?

워 먼 찬 관 러 이 거 꽁 창
Ⓑ 我們參觀了一個工廠。

니 먼 쥐에 더 쩐 머 양
Ⓐ 你們覺得怎麼樣?

한 구오 더 꽁 이에 파 잔 쩐 리아오 뿌 치
Ⓑ 韓國的工業發展眞了不起。

쇼핑

▶네, 그렇습니다. 정찰제입니다.
스더 쮸쓰뱌찰쨔
是的, 就是標簽价。

▶여행자수표로 지불하고 싶습니다.
샹융뤼유우즈표 푸콴
想用旅游支票付款。

▶괜찮습니다.
커이
可以。

83. 무슨 곤란한 일 있으십니까?

Ⓐ 무슨 곤란한 일 있으십니까?

Ⓑ 별 것 없습니다.

Ⓐ 무슨 곤란한 일이 생기면,

곧 저에게 알려 주십시오.

제가 도와드릴 수 있습니다.

Ⓑ 고맙습니다.

포인트 단어

- 困難 : 어려움, 곤란, 곤란하다
- 發生 : 생기다
- 告訴 : 알리다
- 幇助 : 돕다, 도와주다

니 요 션 머 쿤 난
你有甚麼困難?

니 요메이 요 쿤 난
Ⓐ 你有沒有困難?

메이 요 션 머
Ⓑ 沒有甚麼。

니 파 셩 러 션 머 쿤 난 더 스 칭
Ⓐ 你發生了甚麼困難的事情,

마 상 까오 쑤 워
馬上告訴我。

워 커 이 빵 주 니
我可以幫助你。

뚜오 시에 뚜오 시에
Ⓑ 多謝多謝。

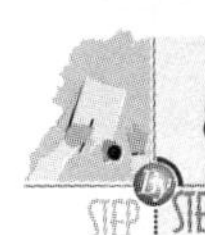

84. 우산을 가지고 가세요.

Ⓐ 하늘이 금방 비가 올 것 같은데.

우산을 가지고 가세요.

Ⓑ 지금은 아직 비가 안 와요.

Ⓐ 그래도 가져가는 게 좋아요.

Ⓑ 귀찮아요. 필요 없어요.

Ⓐ 내 말을 듣는 게 좋아요. 가져가요.

포인트 단어

- 帶 : ~을 가지고
- 傘 : 우산
- 麻煩 : 귀찮다

따이 위 싼 취 바
帶雨傘去吧。

티엔 콰이 야오 시아 위 러
Ⓐ 天快要下雨了。

니 나 싼 취 바
你拿傘去吧!

시엔 짜이 하이 메이 시아 위
Ⓑ 現在還沒下雨。

하이 스 따이 취 하오
Ⓐ 還是帶去好。

타이 마 판 부 융 바
Ⓑ 太麻煩, 不用吧。

니 팅 워 더 화 찌우 하오 나 취
Ⓐ 你聽我的話就好, 拿去。

85. TV 시청

Ⓐ 아빠 무슨 프로그램 보실 거예요?

Ⓑ 뉴스 보자꾸나.

Ⓐ 서부 영화가 좋지 않나요?

Ⓑ 그럼 다 보고나서 열심히 공부하기다.

Ⓐ 알겠어요. 다 보고나면 공부할께요.

포인트 단어

- 電視 : T.V
- 節目 : 프로그램
- 新聞 : 뉴스
- 用功 : 공부하다

칸 디엔 스
看電視

빠 바 니 야오 칸 션 머 지에 무
Ⓐ 爸爸, 你要看甚麼節目?

칸 씬 원 바
Ⓑ 看新聞吧。

시 부 피엔 즈 뿌 하오 마
Ⓐ 西部片子不好嗎?

나 머 니 칸 완 러 하오 하올 융 꿍 바
Ⓑ 那麼, 你看完了, 好好兒用功吧。

즈 다오 러 칸 완 러 찌우 융 꿍
Ⓐ 知道了。看完了就用功。

렌트카

▶거기가 로잉러 렌트카입니까?
나리쓰쭈처추마
那里是租車處嗎?
▶네, 도와드릴까요?
쓰 샹쩨처마
是, 想借車嗎?
▶오늘 오후 한 시에 중형차 하나 빌리고 싶습니다.
찐텐샤우이덴쭝 샹쩨융쭝싱ㅉㅛ처
今天下午一点鐘, 想借用中型嬌車。

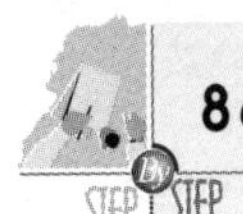

86. 처음 서울에 오십니까?

Ⓐ 선생님 이것이 처음 서울에 오시는 겁니까?

Ⓑ 예. 처음 온겁니다.

Ⓐ 이후에 시간이 있으면 아무 때나

우리집에 오셔서 이야기나 나누십시다.

Ⓑ 그러지요. 감사합니다.

포인트 단어

- 頭一次 : 처음으로
- 隨便 : 마음대로
- 談一談 : 얘기하다

토우 이 츠 따오 한 청 라이 마
頭一次到漢城來嗎?

씨엔 성 쩌 스 토우 이 츠 따오 한 청 라이 더 마
Ⓐ 先生, 這是頭一次到漢城來的嗎?

스 추 츠 라이 더
Ⓑ 是, 初次來的。

이 호우 니 요 콩
Ⓐ 以後你有空,

칭 쑤이 비엔 따오 워 지아 라이 탄 이 탄 바
請隨便到我家來談一談吧。

하오 씨에 시에
Ⓑ 好, 謝謝。

렌트카

▶ **한국차면 되겠습니다.**
한궈찬쮸커이러
韓國産就可以了。

▶ **누비라가 있습니다.**
유누비라
有奴必拉。

▶ **그걸로 하겠습니다.**
쮸요우나거
就要那个。

87. 손님을 초대하다.

Ⓐ 왕선생님. 어서 오십시오.

Ⓑ 사양치 않고 이렇게 왔습니다.

Ⓐ 환영합니다. 앉으시죠.

Ⓑ 당신도 앉으세요.

Ⓐ 식사에 초대하고는 아무 좋은 요리도 없군요.

Ⓑ 별말씀을. 너무 풍성합니다.

포인트 단어

- 清客 : 손님을 청하다
- 請坐 : 앉으세요
- 豊盛 : 풍성합니다

칭 커
清客。

왕 씨엔 성　니 라이 러
Ⓐ 王先生, 你來了。

워 뿌 커 치 찌우 라이 러
Ⓑ 我不客氣就來了。

환 잉 환 잉 칭 쭈오
Ⓐ 歡迎歡迎請坐。

닌 칭
Ⓑ 您請。

워 칭 니 츠 판 커 메이 요 션 머 하오 차이
Ⓐ 我請你吃飯可沒有甚麼好菜。

날 더 화　타이 펑 성 러
Ⓑ 哪兒的話, 太豐盛了。

88. 휴가를 이용해서 여행을 갑니다.

Ⓐ 휴가를 이용해서 여행 가려고요.

Ⓑ 어느 쪽으로 가시게요?

Ⓐ 제주 방면으로요.

Ⓑ 마침 좋은 때군요. 언제 가지요?

Ⓐ 다음 주에요. 5, 6일 정도 예상해요.

Ⓑ 같이 가도 될까요?

Ⓐ 그거 더욱 좋죠.

포인트 단어

- 趁着 : ~을 틈타서, ~을 이용해서
- 旅行 : 여행
- 休暇 : 휴가
- 正好 : 마침 좋은

천 저 씨우지아 취 뤼 싱
趁着休假去旅行。

천 저 씨우지아 워 야오 뤼 싱 취
Ⓐ 趁着休假我要旅行去。

따오 나 팡 미엔 취
Ⓑ 到哪方面去?

지 조우 팡 미엔
Ⓐ 濟州方面。

쩡 스 하오 스 호우 나 션 머 스 쪼우
Ⓑ 正是好時候哪。甚麼時走?

시아 거 리 빠이 다 쑤안 취 우 리우 티엔
Ⓐ 下個禮啡。打算去五六天。

이 콸 취 하오 뿌 하오
Ⓑ 一塊兒去好不好?

나 껑 하오
Ⓐ 那更好。

포인트 단어

- 打算 : ~할 예정이다
- 更 : 더욱
- 一槐兒 : 함께

89. 슈퍼마켓에 갑니다.

Ⓐ 나 슈퍼마켓에 갈려고 하는 데 같이 가자.

Ⓑ 나는 못가.

Ⓐ 그럼 내가 너 대신 물건 사다 줄께.

뭐가 필요해?

Ⓑ 그럼 되겠다. 난 비누와 치약을 사야 해.

미안해 귀찮게 해서.

포인트 단어

- 超級市場 : 슈퍼마켓
- 替 : ~를 대신해서
- 需要 : 필요하다

차오지 스 창 취
超級市場去。

Ⓐ 워 야오 따오 차오 지 스 창 취 이 치 취 바
我要到超級市場去。一起去吧。

Ⓑ 워 뿌 넝 취
我不能去。

Ⓐ 나 워 티 니 마이 디 얼 뚱 시
那我替你買點兒東西。

니 쉬 야오 션 머
你需要甚麼？

Ⓑ 나 찌우 하오 워 야오 마이 페이 짜오 한 야 까오
那就好。我要買肥早和牙膏。

뚜이 부 치 게이 니 마 판
對不起，給你麻煩。

포인트 단어

- 肥早 : 비누
- 牙膏 : 치약

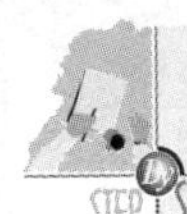

90. 사진 한 장 찍읍시다.

Ⓐ 여기 경치는 정말 아름답다.

Ⓑ 맞아, 정말 얻기 어려운 경치야.

Ⓐ 난 사진 한 장 찍고 싶은데.

Ⓑ 카메라 가져 왔어?

Ⓐ 가져 왔어. 한 장 찍어 줄래.

Ⓑ 좋아. 그쪽에 서봐.

포인트 단어

- 照片 : 사진 찍다
- 風景 : 풍경
- 難得 : 얻기 어려운, 드문

자오 이 짱 샹 피엔
照一張相片。

쩌 더 펑 징 헌 메이 리
Ⓐ 這兒的風景很美麗。

뚜이 스 헌 난 더 더
Ⓑ 對, 是很難得的。

워 헌 샹 자오 이 짱 샹 피엔
Ⓐ 我很想照一張相片。

자오 샹 지 따이 라이 러 마
Ⓑ 照像機帶來了嗎?

나 라이 러 칭 게이 워 이 짱 자오 이 자오
Ⓐ 拿來了。請給我一張照一照。

하오 니 나 비엔 짠
Ⓑ 好, 你那邊站。

포인트 단어

- 照像機 : 카메라
- 邊 : ~쪽

91. 서울에는 어떤 관광구역이 있습니까?

Ⓐ 서울시에는 어떤 볼 만한 관광지가 있습니까?

Ⓑ 좋은 곳이 많이 있습니다.

Ⓐ 어떤 것입니까?

Ⓑ 동양에서 가장 높은 남산 탑과

63층 빌딩,

그리고 많은 고궁과 박물관 등등이죠.

포인트 단어

- 觀光地區 : 관광구역
- 塔 : 탑
- 建築物 : 빌딩

한 청 리 요 메이 요 꽈ㄴ 광 띠 취
漢城裏有沒有觀光地區?

짜이 한 청 스 취 요 션 머 커 칸 더 꽈ㄴ 광 띠
Ⓐ 在漢城市區有甚麼可看的觀光地?

요 헌 뚜오 하오 더 띠 팡
Ⓑ 有很多好的地方。

스 션 머
Ⓐ 是甚麼?

뚱 양 쭈이 까오 더 난 산 타
Ⓑ 東洋最高的南山塔,

리우 스 싼 로우 더 지엔 쭈 우
六十三樓的建築物,

하이 요 헌 뚜오 구 꿍 한 보 우 관
還有很多古宮和博物館。

92. 서울대공원은 어디 있습니까?

Ⓐ 듣자니 서울에는 대규모 공원이 있다던데요.

Ⓑ 서울대공원이요?

Ⓐ 어디에 있습니까?

Ⓑ 그것은 서울 시내에 있지 않습니다.

Ⓐ 그럼 어느 곳에 있습니까?

Ⓑ 서울 부근인 과천에 있습니다.

포인트 단어

- 規模 : 규모

한 청 따 꽁 위엔 짜이 날
漢城大公園在哪兒?

팅 수오 짜이 한 청 요 이 거 따 꾸이 모 더 꽁 위엔
Ⓐ 聽說在漢城有一個大規模的公園。

한 청 따 꽁 위엔 마
Ⓑ 漢城大公園嗎?

나 짜이 날
Ⓐ 那在哪兒?

나 부 스 짜이 한 청 스 네이 더
Ⓑ 那不是在漢城市內的。

나 머 짜이 나 이 거 띠 팡
Ⓐ 那麼在哪一個地方?

짜이 한 청 푸 진 더 꾸오추안
Ⓑ 在漢城附近的果川。

93. 지하철을 탔을 때

Ⓐ 말씀 좀 물읍시다. 나는 인천에 가려는데요.

어느 차를 타야 하나요?

Ⓑ 여기는 4호선입니다.

우선 서울역까지 가서 다시 1호선으로 바꿔 타십시오.

Ⓐ 그 1호선은 바로 인천까지 갑니까?

Ⓑ 그렇습니다.

포인트 단어

- 換車 : 바꿔 타다
- 上車 : 차를 타다(↔下車 : 내리 다)

쭈오 띠 시아티에 취
坐地下鐵去

칭 원 워 야오 따오 런 추안 취
Ⓐ 請問, 我要到仁川去。

나 이 거 처 즈 찌우 커 이
哪一個車子就可以?

쩔 스 쓰 하오시엔
Ⓑ 這兒是四號線,

니 시엔따오 한 청 처 짠 이 호우짜이 환 이 하오 시엔 처
你先到漢城車站以後再換一號線車。

나 거 이 하오 시엔 찌우 따오 런 추안 취 마
Ⓐ 那個一號線就到仁川去嗎?

스 더
Ⓑ 是的。

94. 인삼은 한국의 특산품입니다.

Ⓐ 여기 인삼 있나요?

Ⓑ 있습니다. 무슨 종류를 원하시나요?

Ⓐ 듣자니 고려인삼이 제일 좋다던데요.

Ⓑ 이것이 그것입니다.

Ⓐ 이것은 얼마인가요?

Ⓑ 한 상자에 이만오천원입니다.

Ⓐ 좋아요. 두 상자 주십시오.

포인트 단어

- 種類 : 종류
- 聽說 : 듣건대

렌 싼 스 한 구오 더 터 찬 핀
人參是韓國的特產品。

쩔 요 메이 요 렌 싼
Ⓐ 這兒有沒有人參?

요 와 니 야오 션 머 종 레이
Ⓑ 有哇, 你要甚麼種類?

워 팅 수오 까오 리 렌 싼 쭈이 하오
Ⓐ 我聽說高麗人參最好。

쩌 거 찌우 스
Ⓑ 這個就是。

쩌 거 뚜오 사오 치엔
Ⓐ 這個多少錢?

량 완 우 치엔 이 샹 즈
Ⓑ 兩万五千一箱子。

하오 게이 워 량 샹
Ⓐ 好, 給我兩箱。

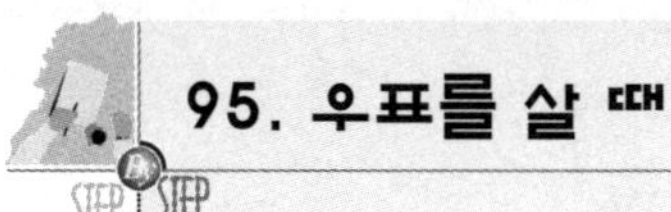

95. 우표를 살 때

Ⓐ 70원 우표 5장 주세요.

Ⓑ 350원입니다.

Ⓐ 여기 있습니다. 여기 그림 엽서 있습니까?

Ⓑ 있습니다.

Ⓐ 2장 주십시오.

포인트 단어

- 郵票 : 우표
- 明信片 : 그림 엽서

마이 요 피아오
買郵票

게이 워 우 짱 치 스 콰이 더 요 피아오
Ⓐ 給我五張七十塊的郵票。

싼 바이 우 스 콰이 치엔
Ⓑ 三百五十塊錢。

쩔 요 쩌 리 밍 씬 피엔 요 마
Ⓐ 這兒有。這裏明信片有嗎?

요
Ⓑ 有。

게이 워 량 짱
Ⓐ 給我兩張。

버스에서

▶도착하면 내려주십시오.
또우짠 칭꼬우쑤워이썽
到站請告訴我一聲。

▶내려드리고 말고요.
땅란 커이
當然, 可以。

▶풍만까지는 몇 정거장이나 됩니까?
또우풍만 유지짠
到豐滿, 有几站?

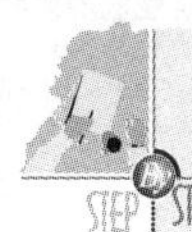

96. 전보를 치려고 합니다.

Ⓐ 타이베이 전보를 치려는데요.

Ⓑ 이 전문을 채워 적어주세요.

Ⓐ 다 적었습니다.

Ⓑ 보통 전보로 하시겠습니까?

Ⓐ 그렇습니다.

포인트 단어

- 發出電報 : 전보 치다
- 塡 : 써넣다(서식에)

워 야오 파 추 디엔빠오
我要發出電報。

워 야오 파 추 따오 타이 뻬이 디엔 빠오
Ⓐ 我要發出到臺北電報。

바 쩌 이 짱 디엔 원 티엔 이 시아
Ⓑ 把這一張電文填一下。

티엔하오 러
Ⓐ 塡好了。

니 야오 푸 통 디엔빠오 마
Ⓑ 你要普通電報嗎?

스
Ⓐ 是。

지하철역까지

▶똑바로 계속 가십시오.
칭젠즈조우
請簡直走。

▶감사합니다.
쎄쎄
謝謝。

▶여기서 멉니까?
리쩌얼웬마
離這兒遠嗎?

97. 한국의 기후는 어떻습니까?

Ⓐ 한국의 기후는 어떤가요?

Ⓑ 4계절의 변화가 있고, 비교적 온화합니다.

대만의 기후는요?

Ⓐ 우리는 열대기후입니다.

포인트 단어

- 氣候 : 기후

한 구오 더 치 호우 쩐 머 양
韓國的氣候怎麼樣?

한 구오 더 치 호우 쩐 머 양
Ⓐ 韓國的氣候怎麼樣?

요 쓰 지 비엔 화 비 지아오 원 후어
Ⓑ 有四季變化, 比較溫和。

니 먼 타이 완 더 치 호우 너
你們臺灣的氣候呢?

워 먼 스 르어 따이 치 호우
Ⓐ 我們是熱帶氣候。

지하철역에서

▶어디서 표를 살 수 있습니까?
짜이 선머 띠팡 넝마이표
在什么地方, 能買票?
▶저 계단을 내려가십시오.
샤취 나거쩨티바
下去, 那个階梯吧。
▶감사합니다.
세쎄
謝謝。

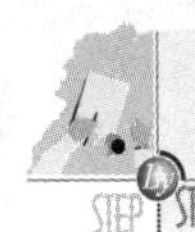

98. 계산해 주세요.(숙박료 계산)

Ⓐ 전 110호의 김씨입니다. 계산서를 주시겠어요?

Ⓑ 예. 잠깐만 기다려 주십시오.

어떻게 이렇게 빨리 떠나십니까?

Ⓐ 일이 생겼어요.

Ⓑ 그렇군요.

Ⓐ 계산 다 됐죠!

Ⓑ 다 됐습니다. 감사합니다. 또 오십시오.

포인트 단어

- 算賬 : 계산서
- 算一算 : 계산하다
- 一件 : 事情의 양사

게이 워 쑤안 이 쑤안
給我算一算。

워 스 이이링 하오 더 씽 진 칭 게이 워 쑤안 짱
Ⓐ 我是 110號的姓金。請給我算賬。

하오 칭 덩 이 시아
Ⓑ 好, 請等一下。

쩐 머 짜오 이 디엔 쪼우 너
怎麼早一點走呢?

요 러 이 지엔 스 칭 러
Ⓐ 有了一件事情了。

쩌 양 즈
Ⓑ 這樣子。

쑤안 하오 러 바
Ⓐ 算好了吧!

하오 씨에 시에 칭 니 짜이 라이
Ⓑ 好, 謝謝。請你再來。

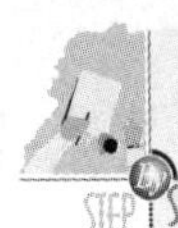

99. 부산행 차표 한 장 주세요.

Ⓐ 부산행 차표 한 장이요!

Ⓑ 왕복표요?

Ⓐ 아니요. 편도로 주세요.

Ⓑ 42,000원입니다.

Ⓐ 기차가 떠났나요?

Ⓑ 잠시 후에 떠납니다.

포인트 단어

- 開往 : ~行의
- 來回票 : 왕복표
- 單程票 : 편도표
- 離開 : 떠나다

카이 왕 푸 산 처 피아오게이 워 이 짱
開往釜山車票給我一張。

카이 왕 푸 산 처 피아오 이 짱
Ⓐ 開往釜山車票一張!

라이 후이 피아오 마
Ⓑ 來回票嗎?

부 스 딴 청 피아오
Ⓐ 不是, 單程票。

쓰 완 량 치엔
Ⓑ 四万兩千。

후어 처 리 카이 러 메이 요
Ⓐ 火車離開了沒有?

덩 이 후 얼 카이
Ⓑ 等一會兒開。

100. 여권을 좀 보여주세요.

Ⓐ 저에게 당신 여권을 좀 보여주십시오.

Ⓑ 이것이 제 여권입니다.

Ⓐ 어디서 오셨습니까?

Ⓑ 대만에서 왔습니다.

Ⓐ 좋아요. 비자를 드리지요.

Ⓑ 감사합니다.

포인트 단어

- 護照 : 여권
- 簽證 : Visa

게이 워 칸 이 칸 후 자오
給我看一看護照。

Ⓐ 칭 게이 워 칸 이 시아 니 더 후 자오
請給我看一下你的護照。

Ⓑ 쩌 스 워 더 후 자오
這是我的護照。

Ⓐ 니 스 총 날 라이 더
你是從哪兒來的?

Ⓑ 총 타이 완 라이 더
從臺灣來的。

Ⓐ 하오 게이 니 치엔 쩡
好, 給你簽證。

Ⓑ 씨에시에 니
謝謝你。

101. 신고할 물건 있습니까?

Ⓐ 신고할 물건 가지고 있습니까?

Ⓑ 없습니다.

Ⓐ 저 가방 안에는 뭐가 있지요?

Ⓑ 모두 옷입니다. 보십시오.

Ⓐ 또 다른 짐은 없습니까?

Ⓑ 없습니다.

포인트 단어

- 申報 : 신고하다
- 皮包 : 가방
- 满是 : 모두
- 行李 : 짐

요 메이 요 션 빠오 더 똥 시
有沒有申報的東西?

니 따이 저 션 빠오 더 똥 시 마
Ⓐ 你帶着申報的東西嗎?

메이 요
Ⓑ 沒有。

나 피 빠오 리 요 션 머
Ⓐ 那皮包裏有甚麼?

만 스 이 푸 니 칸 칸
Ⓑ 滿是衣服。你看看。

링 와이 하이 요 메이 요 싱 리
Ⓐ 另外還有沒有行李?

메이 요
Ⓑ 沒有。

102. 새것은 세금을 물어야 합니다.

STEP by STEP

Ⓐ 가져오신 이 손목시계는 새것이군요.

Ⓑ 그렇습니다.

Ⓐ 새것은 세금을 물어야 합니다.

Ⓑ 얼마나 세금을 내야 합니까?

Ⓐ 만원입니다.

Ⓑ 지금 돈을 가지고 있지 않은데 어쩌죠?

Ⓐ 다음에 다시 와서 찾아가십시오.

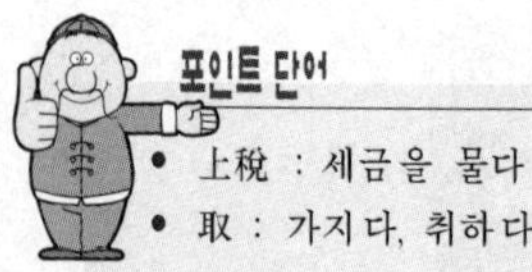

포인트 단어

- 上稅 : 세금을 물다
- 取 : 가지다, 취하다

씬 더 야오 상 수이
新的要上稅。

씬 더 야오 상 수이
新的要上稅。

니 따이 라이 더 쩌 소우비아오 스 씬 더 바
Ⓐ 你帶來的這手錶是新的吧!

스
Ⓑ 是。

씬 더 야오 상 수이
Ⓐ 新的要上稅。

야오 상 뚜오 사오 수이 진 너
Ⓑ 要上多少稅金呢?

이 완 콰이
Ⓐ 一萬塊。

시엔 짜이 메이 따이 치엔 쩐 머 빤
Ⓑ 現在沒帶錢怎麼辦?

까이 티엔 짜이 라이 취 하오 러
Ⓐ 改天再來取好了。

판	권
본	사
소	유

(포켓) O.K 중국어회화

2019년 2월 20일 인쇄
2019년 2월 28일 발행

지은이 | 국제언어교육연구회
펴낸이 | 최 원 준

펴낸곳 | 태 을 출 판 사
서울특별시 중구 다산로38길 59(동아빌딩내)
등 록 | 1973. 1. 10(제1-10호)

©2009. TAE-EUL publishing Co.,printed in Korea
※잘못된 책은 구입하신 곳에서 교환해 드립니다.

■ **주문 및 연락처**
우편번호 04584
서울특별시 중구 다산로38길 59 (동아빌딩내)
전화 : (02)2237-5577 팩스 : (02)2233-6166

ISBN 978-89-493-0550-9 13720